강용석의 직설

좌에서 묻고 우에서 답하다

강용석의 직설

초판 1쇄 발행 2013년 7월 24일

지은이 강용석 | 엮은이 박봉팔
펴낸이 김운태
펴낸곳 도서출판 미래지향

편집팀 김운태, 배유근
경영총괄 박정윤
디자인 정의도, 스탠리, 정초희
마케팅 김순태, 윤진
포토그래퍼 민호정민 스튜디오(박민호 대표), 코즈 스튜디오(천상만 대표)

출판등록 2011년 11월 18일
출판사신고번호 제 318-2011-000140호
주소 서울시 마포구 서교동 353-1 서교타워 711호
이메일 kimwt@miraejihyang.com | 홈페이지 www.miraejihyang.com
전화 02-780-4842 | 팩스 02-707-2475

책값은 뒤표지에 있습니다. | 잘못된 책은 바꿔드립니다.
ISBN : 978-89-968493-8-4 (03300)

강용석의 직설

**좌에서 묻고
우에서 답하다**

미래
지향
도서출판

지은이 머리말

예능 프로그램에는 출연하지 않으려 했다. 언젠가는 정치에 복귀해야 하는데 너무 나가버리면 돌아오지 못하지 않을까 하는 우려에서였다.

〈썰전〉을 기획한 여운혁 PD는 여섯 번이나 나를 찾아와 약속했다.

"예능 PD는 대중이 출연자에게 호감을 느끼고 좋아해 주도록 만든다. 우리가 당신을 이용하는 만큼 당신도 우리를 이용하라."

지역구 선거에서 4.2%의 득표율을 기록한 실패한 정치인으로 남을 것인가, 예능프로를 통해 이미지 쇄신의 기회를 얻을 것인가? 후자를 선택했다.

1만 7천여 개의 악플을 몰고 다니던 '비호감 강용석'이 '귀여운 아저씨'가 되는 건 한순간이었다. 〈썰전〉에서 비춰지는 나는 내가 봐도 괜찮은 사람처럼 보인다.

변화의 한계에 부딪힌 예능계의 입장에서 정치는 신선한 소재였다. 현재 나는 〈강용석의 고소한 19〉, 〈썰전〉에 이어 〈유자식 상팔자〉에서 손범수와 공동 진행을 맡고 있다. 불과 1년 전만 해도 상상할 수 없었던 일이다.

방송의 힘, 예능의 파급력은 대단하다. 신문에서 정치면을 보는 사람은 구독자의 2.5%에 불과하다고 하는데 연예면을 보는 독자는 아마도 30%가 넘을 것이다. 〈무한도전〉, 〈런닝맨〉의 유재석이 선거에 나간다면 서울의 어느 지역구에 출마해도 당선될 것이다.

2006년 서울시장 선거에서 유권자들은 3선 의원이던 홍준표와 맹형규, 그리고 강금실보다 〈오변호사 배변호사〉, 〈그것이 알고 싶다〉 등의 TV 프로그램을 통해 친숙했던 오세훈을 좋아했다. 국회의원은 한 번밖에 하지 않고 불출마선언까지 했지만, 선거결과는 선거운동 직전까지 정수기 광고에 나와 '깨끗한 물!'을 외쳤던 오세훈의 승리였다.

정치와 예능은 비슷한 점이 많다. 둘 다 대중의 호감과 신뢰를 바탕으로 움직인다. 시청률이나 지지율 같은 성적표가 나오는 점도 비슷하다. 방송 다음 날 아침, PD들이 쏴주는 시청률은 일종의 여론조사인 셈인데, 정치인들이 늘 목을 맬 수밖에 없는 '지지율'이라는 것과 비슷하다. 시청률과 지지율은 노력 여하에 따라 개선 가능한 것이기도 하다. 또 그것이 정치인과 예능인을 더욱 분발하게 하는 확실한 자극제다.

'예능력'이라는 말까지 생겨난 요즘, 나는 예능을 통해 많은 것을 배우고 있다. 방송이든 정치든 각각이 존재하는 목적에 충실한 결과물을 보여줄 때 좋은 방송이 되고 좋은 정치가 된다. 방송 프로그램을 짤 때처럼 정책 역시 시대의 흐름과 대중의 반응에 민감해야 인정을 받는다. 국회의원들은 선거가 끝나고 나면 최소 3년은 민심을 신경쓰지 않는다고들 한다. 다음 선거는 4년 후에나 있으니까. 반면 방송계 사람들은 늘 대중과 호흡한다. 인기 있는 게 당연하다.

정당들은 방송국의 전문성과 대형 연예 기획사의 관리능력을 배워야 한다. 마치 선거회사처럼 선거 때만 존재감을 보일 뿐, 유명무실해진 요즘의 정당들은 정치 신인을 키워주는 역할조차 못하고 있다. 위기관리 능력은 더욱 떨어진다. 정치인들은 예능을 모른다. 자기가 출연한 뉴스만 보니까. 국회의원은 오래 할수록 적이 늘어나지만 예능은 반대다. 정치권에서는 '비토 그룹'을 포기하지만 연예계는 '안티 세력'의 마음까지 사로잡고자 노력한다. 할 말은 많지만, 더 이상의 구체적인 내용은 '영업 비밀'이므로 여기까지!

〈썰전〉의 시청률은 2.5% 정도다. 백만 명이 넘는 사람들이 프로그램을 시청한다는 뜻이다. 이건 내가 다니는 여의도순복음교회의 일요일 설교 방송보다 큰 규모다. (조용기 목사의 설교를 듣는 교인의 수는 50

만 명 정도다.) 100만 명이 넘는 시청자의 눈과 귀가 매주 1시간씩 내가 설명하고 지적하고 비판하는 얘기에 쏠린다는 사실은 나를 흥분시키고 가슴 뛰게 하지만 무한한 책임감도 느낀다. 방송만 계속하라는 우려 섞인 목소리는 지금 내가 방송을 잘하고 있다는 칭찬이라고 생각하겠다. 정계에 복귀하기 전에 시청률 15%의 프로그램에 출연해 봤으면 좋겠다. 반짝스타가 슈퍼스타가 되고 싶은 욕심이랄까? 15%의 시청률은 대체 어떤 느낌일지 궁금하다.

몇몇 출판사들로부터 책을 펴내자는 제안을 받았다. 방송을 통해 흥미로운 인물로 알려진 탓이리라. 며칠 고민하다 수락을 했다. 그동안 여러 가지 의혹과 의문이 많았고 해명을 하고 싶었지만, 그럴 기회조차 없었다. 좋은 기회가 되리라 생각했다.

'정치를 다시 할 것이냐'에 대한 질문도 많이 받는다. 그간 여러 매체를 통해 간략히 답해 왔지만, 이런저런 제약으로 후련하게 이야기하지 못했다. 이 책으로 나에 대한 의문과 오해가 조금은 풀렸으면 하는 바람이 있다. 또한, 나의 솔직한 생각을 토로했으니 그에 대한 울림까지 기대해 본다.

지금 나는 '정치 방학' 중이다. 길고 긴 방학의 끝이 언제쯤일지 알 수 없지만, 분명한 건 지금 열심히 공부를 해둬야 나중에 좋은 성적도 기대할 수 있다는 사실이다.

'정치 방학' 중에 방학숙제를 하는 심정으로 책을 만들었다. 첫 책을 내면서 '숙제 검사' 결과를 기다리는 학생의 마음이다.

2013년 7월 15일

강용석

엮은이의 말

내가 '강용석'이라는 정치인에 대해 관심을 두게 된 것은 2010년에 있었던 '강용석 설화 사건' 때문이었다.

2010년 7월 〈중앙일보〉는 강용석이 국회의장배 대학생 토론대회 뒤풀이 자리에서 아나운서를 지망하는 한 여학생에게 "다 줄 생각을 해야 하는데 그래도 하겠느냐"라는 말을 했다고 보도했다. 그러자 공중파 8개사 여자 아나운서들이 강용석을 상대로 '민·형사 소송'을 냈다. 당시 1심 형사 재판에서 '집단모욕죄' 혐의가 적용되어 강용석 의원은 실제로 유죄판결을 받기도 했다. 게다가 당시 판결은 집단모욕죄라는 것이 최초로 인정된 케이스였다.

하지만 '강용석 사건' 민사 재판부는 여자 아나운서 100명이 강용석을 대상으로 냈던 손해배상 청구 소송을 기각했다. "강용석 의원이 대학생과의 뒤풀이 회식 장소에서 여성을 비하한 사실은 인정되지만, 아나운서 개개인이 발언의 피해자로 지칭됐다고 볼 수는 없다"는 것이 당시 재판부의 판결문 요지였다. 이후 2년이 넘는 시간이 흐른 후 강용석과 한국아나운서연합회는 화해했다. 하지만 강용석에게 덧씌워진 이미지는 아직 희미한 흉터처럼 남아있다.

내가 강용석에게 매력을 느꼈던 이유는 위 사건에 대한 강용석의 대응 '퍼포먼스' 때문이었다. 당시 강용석은 '집단모욕죄'의 부당함을 알리기 위해 개그맨 최효종을 '집단모욕죄'로 고소했다. 최효종이 〈개그콘서트〉의 한 코너에서 국회의원들을 모욕했다는 것이 이유였다. 물론 강용석은 곧 고소를 취하했고 최효종과는 좋은 관계를 유지하고 있다고 한다. 그 과정을 지켜보면서, 나는 강용석이 지적이고 유쾌한 사람일 것이라고 확신했다. 또 어설픈 변명을 앞세우기보다 부당함에 맞서 정면으로 돌파할 줄 아는 용기 있는 사람이라고 느꼈다.

나는 우연한 계기로 2011년 12월에 강용석과 인터뷰를 했다. 그리고 그에 대한 내 판단이 옳았음을 확인했다. 강용석은 해박한 지식을 소유한 유쾌한 달변가다. 깊고 넓은 독서의 힘이 그의 내공의 정체다. 그는 체질적으로 위선을 싫어한다. 나는 그에게 어떤 '결벽증'이 있다는 생각까지 했다. 그는 '자기 자랑'은 할지언정 자신을 미화하진 않는다. 정치인들이 흔히 내세우는 '대의명분'을 입에 올리는 법도 없다. 그의 말을 듣다 보면 자기 자신을 폄하하지 못해 안달이 났나, 하는 생각마저 들 정도다. 그에게 왜 정치를 하려 하는지 물어보라. 그의 대답은 '권력'이다. 그에게 왜 방송을 하는지 물어보라. 그의 대답은 '돈'이다. 그는 지나치다 싶을 정도로 이미지에 대해 의식하지 않는 사람이다. 그런 그가 미디어에 의해 극단적으로 이미지화가 되었다는 사실이 아이러니다. 강용석은 마치 미디어가 왜곡한 자신의 이미지를 미디어를 통해 치유하고 있는 것처럼 보인다.

강용석은 지금 꽤 유명한 사람이다. 하지만 그를 제대로 아는 사람은 드물다. 정치 이념의 잣대로 그를 판단하거나, 단편적인 이미지에 갇혀 편견을 가지고 있는 사람들이 대부분인 듯하다. 그가 유명한 것과 사람들이 그를 더 잘 이해하는 것은 아무 상관이 없을지도 모른다. '이상은 목표지만 이미지는 수단이다.'라는 말이 있다. 이 말의 함정은, 이미지가 이상을 대신하는, 주객이 전도된 경우가 꽤 많다는 것이다. 지금 그런 함정에 빠진 사람은 강용석이 아니라 다수의 대중이다. 과거의 이미지 왜곡에 대한 의문 없이 지금의 호감 이미지를 문제 삼는 것이 분별력 있다고 생각하는 것일까.

나는 노무현 전 대통령의 열렬한 지지자였고 지금도 그렇다. 하지만 소위 진보진영에 대해 매우 비판적이다. 지난 2012년 대선에서 민주당의 핵심 전략전술은 '네거티브'였다. 나꼼수를 앞세워 이명박을 까는 것이 민주당 선거 전략의 알파와 오메가였다. 대선공약의 현실성과 적절성에서 민주당이 새누리당에 밀린다는 객관적인 분석도 많았다. 오죽했으면 민주당은 무리수를 둬가며 '국정원 댓글' 조사를 하며 그것도 모자라 대선 승부수로 띄웠을까.

우리나라 같은 실질적인 양당제 국가에서는 네거티브만 해도 2등은 한다. 절반의 정치인들은 굳이 집권세력이 되기 위해 노력하지 않아도 기득권을 지킬 수 있다. 줄 잘 서고 열혈 지지자들에게 잘 보이면 된다. 이런 상황에서 어떻게 정치발전을 바랄 수 있을까. 자신의 지지층에 영합하지 못해 안달인 정치인들은 지지자들의 허위의식을 채워주기 급급하다. 그 과정에서 유권자들은 어느새 양당제도의 인질이 된다. 이것은 정치인들만의 잘못도 아니다. 소위 진보·보수 양 진영 논객들은 마치 로마 시대의 전차경주 선수들이나 검투사들 같다. 진영논리에 찌든 논객들의 글을 리트윗하는 SNS 족들은 원형경기장에서 편을 나눠 응원하던 군중이다.

내가 강용석을 지지하는 것은 결코 '인간적인' 이유 때문이 아니다. 앞으로 그가 한국 정치·경제 발전에 결정적으로 기여할 것이라고 확신하기 때문이다. 내가 생각하는 한국 정치의 가장 큰 해악은 진영논리에 기반을 둔 포퓰리즘이다. 포퓰리즘은 필연적으로 네거티브를 먹고 산다. 왜냐하면 포퓰리즘은 쉽고 선명해야 하기 때문이다. 네거티브는 감정적 만족을 줄 뿐 아니라 알기 쉽고 선명하다. 대결구도만큼 선명한 것도 없다. 이 책을 읽어보면 알겠지만, 강용석은 네거티브 포퓰리즘과는 거리가 먼 사람이다. 나는 그 점이 지금 강용석이 오해받고 있는 부분이며 동시에 한국 정치의 핵심적인 문제라고 생각한다.

정치인을 무시하는 국민들이 많다. 어쩌면 당연한 것이다. 하지만 정치인을 무조건 무시한다고 해서 우리 정치가 나아질까. 정치인을 제대로 이해하려고 하는 노력도 우리 정치를 더 좋게 만드는 가장 중요한 요소다. 강용석은 비전을 가진 실용주의자고 무엇보다 진정한 소통을 위해 애쓰는 정치인이다. 그리고 무엇보다, 너무나 솔직하다. 솔직한 사람에겐 솔직하게 다가가는 것도 일종의 용기다. 몽테뉴의 말이 생각난다.

"한쪽이 솔직하면 서로가 솔직해지고 새로운 면모를 발견하게 된다. 이점은 포도주나 사랑이나 마찬가지다."

2013년 7월 15일
박봉팔

차례

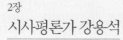

2장
시사평론가 강용석

3장
정치인 강용석

1장

방송인 강용석

> 66
> 방송인들이 방송계에서 시청률을 유지하고자 하는 그런
> 노력으로 정치인들이 유권자들에게 접근한다면 지금처럼
> 정치가 욕먹을 일은 없을 것 같다.
> 99

나의 방송 입문기

박봉팔(이하 박) _ 정치인이 방송인이 된 경우는 매우 드물다. 외국에서도 별 사례가 없는 것 같다.

강용석(이하 강) _ 나도 실감이 잘 안 난다. 방송할 때마다 그런 생각이 든다.

박 _ 원래 끼가 있었나?

강 _ 나는 국회의원 되고 나서도 방송에 굉장히 나가고 싶어 했다. 그

땐 나가고 싶었지만 내보내 주지 않아서 못 나갔다. 오히려 정치하기 직전 참여연대 활동할 때, 2006년부터 2008년까지 KBS 라디오의 〈열린토론〉에 주말 패널로 나갔었다. 사실 라디오 청취율이란 게 파악이 힘들다. 그래도 시청률이 거의 없는 이런 방송을 거치며 나름의 훈련이 되었던 것 같다. 우연찮게 방송을 하게 되면서 실감은 잘 나지 않지만 시의적절하게 맞아떨어진 느낌이다.

작년 4월에 종편방송, TV조선에서 처음 불러줬다. TV조선 입장에선 큰돈 안 들이고 최소한의 시청률을 확보할 수 있는 방법이라고 생각했던 것 같다. 방송이라는 건 시청률이 안 나오면 바로 내린다. 특히 종편방송들은 4회 정도 방송해보고 시청률 안 나온다 싶으면 바로 문 닫는다. 내 안에 하고자 하는 열망이 있었는데 시기적으로 잘 맞아떨어져서 지금까지 1년여간 계속하고 있다.

박 _ 힘들진 않나?

강 _ 방송을 해보니 유재석, 강호동 그런 사람들의 심정도 조금은 알 것 같다. 그 사람들은 10년 이상 하고 있는데, 그 10년을 하루같이 달려오지 않았을까 싶다. 〈썰전〉에서 〈무한도전〉을 다루면서 그쪽 인터뷰를 들어봤다. 한주 한주가 정말 어떻게 지나갔는지 모르겠다는 내용의 소감들이었다. 매주 〈무한도전〉 찍기 전날 잠이 제대로 안 오고 '이번 주는 제대로 할 수 있을까?' 그런 생각을 한다더라.

박 _ 아직도?

강 _ 8년 됐는데 지금도 그렇다고 한다. 그게 무슨 심정인지 조금은 알 거 같다. 방송인들이 방송계에서 시청률을 유지하고자 하는 그런 노력으로 정치인들이 유권자들에게 접근한다면 지금처럼 정치가 욕 먹을 일은 없을 것 같다. 정치인들은 4~5년에 한 번 성적표를 받지만 방송인들은 한주에도 여러 번 성적표를 받는다. 오늘 아침에도 어제 방송했던 〈강용석의 고소한 19〉 시청률을 문자로 받았는데 '이번 주도 다행히 넘어갔구나.'하는 생각을 했다. 일주일에 3번 수요일, 금요일, 토요일에 전날 방송의 시청률을 문자로 받는데 이게 아주 쪼는 재미가 있다.(웃음) 성적표 받아보는 게 고역일 수 있겠지만, 난 학창시절부터 그 '스릴'을 즐겼던 것 같다. 매번 시청률 성적표 받는 것을 즐긴다. 즉각적 반응에 적응되면 은근히 재미있다. 그리고 시청률이 좀 안 나오면 작가와 PD랑 왜 그랬을까, 한참 논의한다. 아무튼 나의 방송 생활은 나의 의욕도 있었지만 시기적으로 행운도 따랐던 것 같다.

박 _ 원래 방송에 나가고 싶었다고 했는데, 요즘 어린이들부터 난리다.

강 _ 방송하고 싶어서?

박 _ 초등학생부터 장래희망 조사하면 연예인이 꽤 많이 나온다고 한다. 전문직이나 쇼핑몰 운영 이런 장래희망도 거의 방송의 영향을 받아서 나오는 것이다. 오래전에 나왔던 '텔레비전에 내가 나왔으면 정말 좋겠네'라는 노래가 지금 세태를 정확하게 반영하는 듯하다. 원래 방송을 하고 싶었다는 것을 보면 정치적 의도 외에 순수한(?) 의도가 있었다는 건가?

강 _ 누구나 인정받고 싶어 하는 욕구가 있다. 나는 그런 부분을 일찍 정리했다. 사람이 '왜 사느냐?'라고 했을 때 '알아주는' 맛에 산다는 것. 대중이 알아주는 직업이 보통 연예인, 스포츠인, 그리고 정치인 3개. 그런데 연예인이나 스포츠인은 아주 어렸을 때부터 준비해야 한다. 대학교까지 공부만 했던 사람이 할 수 있는 건 정치밖에 없다. 그래서 정치인을 꿈꾸었는데, 나는 묘하게 40대 들어서 방송 줄을 타게 됐다. 그런데 방송을 해보니까 내가 정치인을 하려고 했을 때 원했던 것과 아주 비슷한 효과를 누리게 된다.

정치인과 방송인

박 _ 방송인을 하다가 정치인이 된 경우는 많다. 그 사람들도 비슷한 것을 느꼈겠다.

강 _ 엄기영, 유정현, 한선교, 이계진 등이 있다. 유정현은 방송 활동 한창 시기에 정치 쪽으로 옮겼는데 정치한 것에 대해 조금 후회하고 있더라. 다시 방송 쪽에 복귀했는데 인기가 많이 떨어졌다.

박 _ 유정현은 이번에 〈택시〉 프로그램에 강용석과 함께 나왔는데, 인터넷 여론을 보면 부정적인 반응이 많았다.

강 _ 좀 무게를 잡더라고.(웃음)

박 _ 정치와 연예산업의 공통점 중의 하나가 바로 '스타산업'이라는 것이다. 그런데 차이점도 있을 것 같다.

강 _ 근본적으로 추구하는 바가 다르다. 그러니까 대부분의 연예인들은 돈 벌려고 하는 것이다. 그 지명도를 이용해서 돈을 추구하는 거고, 정치인은 그 지명도를 이용해서 권력을 추구하는 거니까 근본적으로 추구하는 바가 다르다. 다만 드러나는 양태가 비슷하다. 대중이 얼마나 거기에 부합해 주느냐에 따라 돈과 권력에 가까워진다. 그 차이인 것 같다.

박 _ 하지만 돈과 권력은 사실 동전의 양면 아닌가?

강 _ 그 돈이라는 게 막대해야 권력이 생기는데, 연예인들이 원하는 정도의 돈 가지고는 권력이 생길 정도는 아니다. 연예계가 겉보기보다 화려하진 않은 것 같다. 강호동, 유재석, 신동엽 정도면 명실공히 대한민국 최고지 않나. 최고 연예인인데 버는 돈은 그렇게 많지 않다. 웬만한 중소기업 사장 정도 될까 말까. 연예인이나 스포츠 스타는 최고가 안 되면 중간을 가기 힘들다. 공부는 1등을 못해도, 5등이나 10등이라도 괜찮다. 그래서 공부를 하라는 것 아닌가. 나름 안전하다는 것인데, 그걸 이쪽에 와보니까 새삼 느끼겠다. 정말 너무 차이가 크다. 최고 수준의 MC가 한 프로그램당 천만 원 받는다 치고 10개 정도의 프로그램에 출연한다면 한 달에 4억 원 정도인데 최대한 해도 1년 수입이 50억 원 정도다.

박 _ CF 수익 추가해봐야 몇억 안 되니까.

강 _ 그렇다. 그러니까 1년에 50억 정도 잡더라. 거기서 세금 한 20억 떼고 나면 30억 남는다. 물론 이것도 적은 돈은 아니지만 기업해서 버는 것과 비교하면 규모 자체가 다르다는 것이다.

박 _ 정치인의 경우, 권력 추구 외에 이상을 가지고 정치하는 사람들이 있지 않을까. 고상한 이상까진 아니라도 어떤 선의 같은 것.

강 _ 글쎄, 나는 고귀한 의도, 또는 좋은 의도나 선한 의도가 꼭 선한 결과로 나타나지 않는다는 말로 대답을 대신하고 싶다. 그러니까 제도가 필요한 것이다. 연예인들도 요즘은 공인이라고 표현하지 않나. '퍼블릭 피겨(Public Figure)'라는 표현을 쓰는데, 연예인들도 요즘 음주운전하면 방송 못 나오고, 기부나 봉사활동도 많이 한다. 정치인이 연예인보다 훨씬 더 공익적 의도를 가지고 일을 한다 말하기는 어렵다고 본다. 결과적으로 대중의 사랑을 받는 방법은 비슷한 양태로 나타난다.

관련해서 연예인을 광대로 보는 시각도 근본적으로 바뀌어야 할 것 같다. 기술의 발전으로 연예인들은 더 이상 광대가 아니다. 옛날처럼 연예인이 100명, 200명을 상대했을 땐 광대였을지 몰라도 지금은 100만 명 이상을 커버한다. 시청률 15%면 750만 명 정도 된다.(인구수 곱하기 시청률) 그러니까 〈무한도전〉은 한 주일에 750만 명이 본방송을 보고 재방송까지 합하면 30% 정도 보는데 그럼 1,500만 명이 보는 것이다.

〈무한도전〉이 평소에는 웃음을 주지만 마음먹고 할 때는 아이돌 교양, 역사 수업까지 한다. 지난번 〈무한도전〉 방송에서 유재석이 안중근 열사의 어머니 조마리아의 편지를 읽었다. 그런 건 어떤 정치인보다 더 많은 사람들의 마음을 움직인다. 초선 의원들이 대정부 질문에서 아무리 좋은 말을 해도 기껏 국회 본회의장에서 150명~200명이 듣고 있다. 영향력 차이는 비교조차 안 된다. 혹자는 그러더라. 유재석이 〈해피투게더〉에서 유재석이고, 〈무한도전〉에서 유재석이고, 〈런닝맨〉에서야 유재석이지, 유재석이 정치한다고 국회의원 될 거 같냐고. 나는 그렇게 생각 안 한다. 만일 유재석이 국회의원 나간다고 하면 그는 어디에 나와도 된다.

박 _ 아까 '정치인이 방송인의 열정으로 대중에게 다가간다면'이라고 했는데, 정치인들의 대중성을 위한 열정과 노력이 부족하다고 느꼈나?

강 _ 내가 최근 JTBC 〈시대기획 동행〉에서 김영환 의원과 함께 출연했다. 좌우가 쌍으로 나오는 프로그램이다. 그전엔 황우여, 문희상이 같이 나왔었고 홍준표, 김부겸도 같이 나왔다. 김영환은 4선 의원이고 그가 3선으로 지경위 위원장이었을 때 난 지경위 소속 초선 의원이었다. 그런데 김영환 의원은 나랑 방송하고 싶다며 여러 차례 요청했다. 사실 정치권에서는 격을 무지하게 따진다. 즉 4선 의원이 전직 초선 의원하고 함께 할 일은 거의 없다. 그런데도 김영환 의원이 왜 나랑 하려고 했냐면, 그쪽 보좌관들이 '강용석과 하면 시청률이 나온다.'라고 했단다. 다른 4선 의원들하고 백날 해봐야 시청률 한 0.5%쯤 나오는데, 그러면 TV에 나오는 의미가 없다. 그런데 아니나 다를까 우리 시청률이 0.8% 나온 거다. 황우여·문희상이 했을 때 0.5% 나왔다.

방송 중간에 국회의원 회관으로 가려고 국회 안으로 들어갔는데, 마침 토요일이라 잔디밭에 사람들이 많았다. 그런데 대학생 20여 명이 뛰어와서 나랑 사진 찍자고 그랬다. 그런데 그 단체 사진을 찍어줄 사람이 없어서 김영환 의원이 찍어줬다. 일종의 '굴욕'이라고 할 수 있을 텐데 그걸 방송 카메라가 잡고 있었다.

박 _ 김영환 의원도 성격 좋네.

강 _ 성격 좋다. 사진을 찍어주더라. 몇 장 찍길래 내가 "아, 의원님 이리 와서 같이 찍어요." 해서 작가가 대신 찍어줬다. 그 일을 겪고 나니 의원 회관 들어가서는 김영환 의원의 분위기가 바뀌었더라. 그동안 방송으로 인지도가 쌓였음을 제대로 실감했다.

민심은 물이고 권력은 배

박 _ 질문은 정치인들의 대중성을 위한 노력에 관한 것인데….

강 _ 아 그렇지. 정치인들이 대중성을 갖기 위해서 택할 수 있는 방법이 너무 제한되어 있다고 생각한다. 뭘 해도 아무도 관심을 안 가져준다.

약 30년 전 1985년에 신민당이 처음 생겼을 때였다. 김영삼, 김대중은 직접 출마 못 하고 이민우 씨 나와서 할 때인데, 한복, 소복 같은 거 입고 무궁화 목에 달고 별 이상한 행동들을 하면서 튀려고 했다. 물론, 지금도 선거 때 그런 거 하지만. 심지어는 농림부 장관 했던 정운천은 나무를 짜서 목에 칼을 쓰고 소복 입더니 석고대죄를 하겠다는 둥…. 돗자리 깔고 머리 박고 별별 짓 다 했어도 사진 몇 장 잠깐 찍고 만다.

정치인들이 쇼하는 게 오히려 연예인들이 쇼하는 것보다 더 유치하다. 그렇게 해도 안 봐준다. 일단 사람들은 정치인들의 의도를 의심한다. 진짜로 국가와 민족을 위해서 하는 것이 아니라 출세를 위해서 하는 거로 생각한다. 대중이 너무 똑똑한 거다. 너무 잘 안다. 오히려 연예인들은 순수하다. 사실 순수할 수밖에 없다. 명분과 목적이 일치하기 때문이다. 누구나 그들이 돈 벌기 위해서, 대중을 즐겁게 하고 사랑받기 위해서라고 생각한다.

박 _ 나도 대중의 한 사람이다. 내가 강용석에게 관심을 뒀던 이유는 이슈 파이팅 때문이었다. 안철수도 까고 박원순도 깠다. 당시 아무도 하지 않았던 일이었다. 그것도 이슈 파이팅의 일종 아닌가. 왜 다른 정치인은 그렇게 안 할까.

강 _ 안 하는 게 아니라 못 하는 거다. 누가 해봤어야지. 안 해 본 건 안 하려고 한다. 보수적이건 진보적이건 간에 안 해본 건 안 하려고 한다. 이슈 파이팅에 성공한 사람으로 대표적인 건, 야권에서는 김선동 의원이다. 국회에서 최루탄은 던져야, 사람들의 기억에 남는다. 그러지 않고 다들 정책으로 승부하자 해서 나름 정책이랍시고 내어 놓는다. 그럼 아무도 안 봐준다.

박 _ 김선동 쇼는 너무 유치하더라. 정봉주 같은 경우는 BBK를 물어뜯으며 이슈 파이팅을 하지 않았나.

강 _ 안전한 이슈 파이팅은 이슈 파이팅이 아니다. 아무것도 아니다. 물론 정봉주는 너무 나가서 감옥까지 가긴 했지만 아슬아슬해야 언론에서 받아주고 사람들이 관심을 갖게 된다. 안전하면서도 사람들의 관심을 끌게 할 수 있는 것이 뭐가 있겠나.

박 _ 내가 요즘 관심 있게 보는 게 있다. 우리나라가 전기세가 싼 편이다. 일반가정은 아니고, 기업 전기세가 전기 생산 원가보다 싸다. 그래서 최근 원전 문제 때문에 전기요금 올린다, 제한한다 하니까 가정에서 반발할 만하지 않나. 그런 와중에 최근 민주당 의원 한 명이 전력 제한은 기업부터 하라고 주장했다.

강 _ 다 좋은데, 그 의원이 누구인지 기억나나? 비슷한 예로, 최근에 담뱃값 올리자고 주장했던 의원이 누구인지 지금 기억나나? 비만세, 아줌마 가산점제 등 다 일회용이다. 결국 하루 치 이슈밖에 안 된다. 그러니까 그 이슈를 끌고 갈 수 있는 능력이 있어야 한다. 이슈를 끌고 가려면 굉장히 치밀한 전략이 필요하고 언론에 대해서 잘 알아야 한다. 그런데 초선 의원이 그렇게 하기가 힘들다. 지금 새누리당에 '정초회'라는 모임이 있다. '정책을 우선시하는 초선 의원들의 모임'이라는 뜻이다. 70~80명 정도 있는 것으로 안다. 지금 새누리당 초선들은 대부분 교수, 관료 출신들이다. 박근혜 대통령이 좋아하는 사람들을 공천해 놓은 것이다. 아무도 파이팅 하려고 하지 않는다. 저격수 역할을 자처하는 사람들도 없다. 정말 무기력하다.

대부분 (새누리당) 정치인들은 이런 식으로 훈련받는다. '초선에 뛰지 마라.' '뭔가 뜻을 펼치려면 초선일 때는 지역, 재선일 때는 당내 목소리, 3선이 되면 국가를 생각해라.' 그런데 막상 3선이 되어도 대중들은 이 사람을 잘 모른다. 영향력은 지명도에서 나오는데 대중성이 떨어진다.

정치인은 딱 두 가지가 있는데 대중 정치인과 참모다. 대중 정치인이 아닌 모든 정치인은 참모다. 그런데 대중 정치인으로 뜨려면 먼저 인지도가 있어야 하고, 거기에 인기와 호감도가 붙어서 지지도로 연결되어야 한다. 15%든, 20%든 확고한 지지층이 생겨야 한다. 이렇게 되기 위해 가장 쉬운 방법은 지역표를 확실하게 잡는 것이다. 우리나라에서 대통령이 된 사람들은 지금까지 다 그랬다. 그런데 지금 묘하게 안철수는 그게 아닌 길을 걷고 있다. 세대를 대변하는 방식으로 가고 있는데, 과연 그게 될까….

박 _ 홍준표 같은 경우는 이슈를 오래 끌고 간다. 진주의료원 사태를 촉발시켜서 '복지의 비능률성'에 대해 나름 어필하고 있으니.

강 _ 홍준표를 보면 하루 만에 묻힐 수 있는 이슈를 단계적으로 차곡차곡 해나간다. 그걸 두 달 넘게 끌고 가고 있다. 그런 능력 갖춘 사람도 드물다.

박 _ 보수와 진보의 대리전으로까지 보인다.

강 _ 홍준표가 그렇게 만든 거다. 어쩌면 야권이 그렇게 키워 준 면도 있다. 사실 야권에서 '저거 공공의료원인데 적자도 많이 나고 오케이. 폐쇄하든 말든' 그렇게 하면 끝나는 문제였다. 그런데 그걸 아주 큰 사안인 것처럼 대응하는 바람에 일이 커진 것이다.

박 _ 야권도 자기들이 터뜨린 건 아니지만 나름 이용하려고 했겠지.

강 _ 유리할 줄 알았던 거다. 그런데 어떤 이슈든 간에 주도한 사람이 무조건 먹게 된다. 반대하는 사람은 아무리 잘 반대해봐야 승률이 낮다. 자기네가 정말 못하게 할 힘이 있으면 또 모르는데 경남에서 민주당이 그걸 어떻게 막나. 명분도 없다. 운영권자 측에서 적자가 나서 닫겠다는데.

박 _ 대통령의 큰 이슈는 어떤가. 김대중의 '정권교체', 노무현의 '지역주의 타파' 같은.

강 _ 그게 머릿속으론 가능하다. 그런 방면에 선수들 많다. 새로운 정책 이슈가 갑자기 정치인의 머리에서 나오는 게 아니라, 이미 정치권엔 다 있다. 뭘 꺼내느냐가 문제가 아니라 그게 자기에게 체화되어서 대중들이 인정해야 한다. 예를 들어 김영환 의원이 뭐가 이슈고 뭐가 문제인지 모르는 것이 아니다. 그리고 그 사람 출마선언문 보면 그럴 듯하다. 그런데 김영환의 출마선언문에 누가 관심을 가져주나. 그게 정말 '저 사람의 인생에서 녹아나기 때문에, 저 사람이라면 그걸 변화시킬 수 있다'는 인식을 줘야 하는데 그게 안 된다. 이게 말로만 한다고 되는 게 아니다.

박 _ 다른 정치인들에게 대중성에 관한 조언을 한다면?

강 _ 말보다는 내가 보여주는 것이다. 내가 이 길로 가면서 뭔가를 이루면 내 방식도 하나의 모델이 될 거로 생각한다. 낙선한 정치인은 전부 나 같은 길도 한번은 꿈꾸지 않을까.

박 _ 박광덕이 강호동 따라 한다고 되는 것이 아니듯이, 길을 안다고 되는 것도 아니다.

강 _ 노무현 대통령이 단일화하니까, 이후 10년간 단일화는 완전 패러다임이 됐다. 그런데 성공하지 못했다.

박 _ 이때까지 방송하면서 기존 안티들의 변화는 느껴지던가? 호감도는 많이 높아졌는데, 안티들은 여전히 '정치는 하지 마라'는 쪽인 것 같더라. '방송은 꽤 잘하는데, 인간성은 글쎄?'라는 반응도 많다.

강 _ 요즘 당태종 이세민의 《정관정요》(당나라 때 오긍이 편찬했다고 전하는 당 태종 언행록)를 많이 생각한다. 그 책의 핵심을 한 마디로 얘기하면, 민심은 물이고 권력은 배인데, 물은 배를 띄울 수도 있고 가라앉힐 수도 있고 뒤집을 수도 있다는 것이다. 하여튼 대중의 마음, 민심은 언제든 왔다 갔다 한다. 지금 나는 아슬아슬하게 조각배에 의존해서 그 위에 떠 있는 심정이다. 언제든지 맘만 먹으면 뒤집는 건 한순간이니까. 그리고 난 그걸 몸으로 느끼기도 했다. 지금은 물이 차오르는 건 확실하다. 파도가 약간 치고 있긴 하지만 전체적으로 봐서 많이 차오르고 있다.

방송 초기 – 〈화성인 바이러스〉

박 _ 그러니까 처음에 〈화성인 바이러스〉에 출연 후, 〈강용석의 두려운 진실〉이 고정 프로그램이 됐다. 그게 어떻게 가능했나?

강 _ 그게, 당시 종편의 현황과 맞아떨어진 것이었다. 종편들이 예산이 별로 없고 적자가 나니까 싸게 데려다 쓸 수 있고 시청률이 웬만큼 나올 수 있는 사람을 찾았던 것 같다. TV조선에서는 내가 선거 떨어지는 것이 당연한 듯 선거 일주일 앞두고 방송에 내보내 준다는 핑계로 나를 불러놓고 프로그램을 제안했다. TV조선 강효상 본부장(현 조선일보 편집국장)이 '선거는 어차피 떨어질 거니까, 떨어지고 나면 우리 방송에서 프로를 하나 맡아서 해라.' 그래서 난 '좋다.' 그랬다.

박 _ 그렇다 하더라도 정치인 출신이 고정 프로그램을 맡았다는 것은 상당히 이례적이다.

강 _ 글쎄, 나는 누구한테도 부탁한 적이 없는데, 그쪽에서 먼저 제안이 온 것이었다.

박 _ 쉽게 승낙을 했나?

강 _ 이왕 이렇게 된 거 방송이라도 하자는 생각으로.

박 _ 정치인 출신이 시사 토론 프로그램을 하지 않았던 것도 특이하다.

강 _ 처음엔 시사 토론 프로그램을 하려고 했다. 매일매일 낮 시간에 사람 불러다가 토크 하는, 그런 걸 기획했다. 그런데 기획하는 과정에서 바뀌었다. 선거 끝나고 바로 시작하기는 조금 그렇고, 임기 끝나는 5월 말~6월 초에 시작해야 할 것 같으니 한 달 정도 여유가 있었다. 결국 시사 고발 프로그램이 됐다.

그때 채널A에서도 제안이 왔다. 당시 〈박종진의 쾌도난마〉가 뜨고 있었는데, 박종진 씨가 자기 프로그램에 고정 패널로 나와 달라고 했다. 그래서 알았다고는 했는데 패널을 하는 게 좋은지 내 프로그램을 하는 게 좋을지 잘 모르겠더라. 그러다 방송인 출신인 전여옥 의원을 만나 물어봤다. 전여옥은 〈박종진의 쾌도난마〉가 시청률이 나오니까 거기로 가라 했다. 내 이름을 건 프로그램은 성공 가능성이 낮다는 말을 덧붙였다. 그런데 나는 내가 하면 시청률이 나올 것 같았다. 워낙 이슈가 많이 되지 않았나. 그리고 잘할 것 같다는 느낌이 들어 기획하는 과정에서 시사 고발로 가고 프로그램 이름에 내 이름을 꼭 넣어 달라고 했다. 첫 회부터 12주 동안 TV조선 프로그램들 중 시청률이 제일 잘 나왔다.

박 _ 처음에 PD나 작가와 잘 맞았나? 기획회의 등 방송 시스템이 적성에 맞던가?

강 _ 고등학교 후배인 PD와 방송에 대해서 상의를 좀 했다. 그 친구 얘기가 방송의 핵심은 작가라더라. '메인 작가뿐 아니라 중간, 막내 작가한테 잘해주고 그 사람들과 술 마시고 밥 먹으면서 친해져라. 그러면 금방 프로에 자리 잡을 수 있다. 작가는 전속이 없고 왔다 갔다 한다. 그리고 방송가 평판은 주로 작가들에게서 나온다.' 등. 그래서 작가들과 일주일에 두세 번씩 술 먹고 지내면서 방송에 잘 적응했다. 지금은 새로운 프로그램을 시작해도 작가들에게 금방금방 적응한다. 최근에 했던 신율 프로그램에 잠깐 나갔는데 신율 교수가 그러더라. '방송계에서 너무 평이 좋다. 싫다는 사람이 하나도 없다.'라고. 내가 그렇게 좋은 사람인지 나도 몰랐다.

박 _ 그리고 이야기해보면 말도 잘 통할 테고.

강 _ 만나서 이야기해보면 세상에 나쁜 사람은 별로 없다.

박 _ 서로 재미도 있고, 식견도 있을 테니까. 작가들의 주요 업무 중의 하나가 섭외다. 그런데 지금 평판이 좋아졌다 하더라도 처음에 〈화성인 바이러스〉 출연하려고 했을 때 그쪽에서 순순히 출연하게 해주던가?

강 _ 당시 굉장히 논란이 많았다. 그때 결단을 했던 사람이 송창의 대표였다. "나가는 거 이번 주밖에 안 되니까 이번 주에 무조건 해서 내보내" 그렇게 됐다. 뒤에 송창의 대표가 말해줬다. 송창의 대표는 상업성 있다고 판단해서 밀어붙였던 거다. 그래서 〈화성인 바이러스〉 역사상 최고 시청률이 나왔다.

박 _ 당시 본인이 직접 〈화성인 바이러스〉란 프로그램을 선택했나?

강 _ (끄덕)

박 _ 좀 이상한 건 〈화성인 바이러스〉는 일반인들이 나가는 프로그램이다. 일반인들 중에서 특이한 사람들이 나오는 게 컨셉인데, 어떻게 정치인이 나갈 수 있었나? 그러니까 원래 프로그램 컨셉에 안 맞는 거였다.

강 _ 내가 맞춰줬다. '고소·고발 집착남'이라는 컨셉도 내가 맞춘 거였다. 나도 솔직히 〈화성인 바이러스〉보다는 〈힐링캠프〉 나가고 싶었다. 근데 내보내 줘야 나가지!

박 _ 대단하다. 생각해보면 당시 다소 억지로 컨셉을 맞출 수 있었던 이유도 시청률이 잘 나올 거라는 확신 때문이었던 것 같다.

강 _ 〈힐링캠프〉도 박근혜, 문재인, 안철수 나왔을 때 시청률 10% 나왔으니 욕 안 먹었다. 그 사람들 나와서 5%였으면 〈힐링캠프〉 없어졌을지도 모른다.

박 _ 그 전에 〈화성인 바이러스〉 진행자들과 안면이 있었나? 이경규, 김구라, 김성주….

강 _ 없었다. 다 처음 봤다.

박 _ 난 당시 그 방송을 봤는데, 김구라, 이경규 등이 강용석에게 호감을 느끼는 것이 보였다. 재밌네, 맞는 말 하네, 그러는 것이 느껴졌다. 나는 그게 중요한 분기점이었다고 본다. 그들의 반응이 일반 사람들의 반응이었다고 보면 됐으니까. 송창의 대표에게 고맙다는 인사는 했나?

강 _ 그 방송 이후 올해 3월에 처음 봤다. 그리고 당시 상황도 그때 처음 알았다. 당시 종편 방송들은 낮에 시사 프로그램들이 워낙 많았다. 선거 중에도 여러 번 불렀는데, 내가 나가면 시청률이 잘 나왔다.

내가 보기에 방송계는 간단하다. 시청률만 잘 나오면 된다. 얼마 전 〈택시〉에 출연했을 때, 같이 했던 유정현 의원이 흥분해서 하는 말이, 그전 주에 오상진 나왔을 때보다 우리 나왔을 때 시청률이 세 배가 넘었다는 거다. 방송계는 무조건 시청률인데, 시청률이 좋으면 출연자가 생방송 시작하기 5분 전에 도착해도 아무 말 없다. 시청률 안 좋으면 녹화방송 2시간 전에 들어가서 샌드위치 돌리고 별짓 다 해도 방송 끝나고 나면 안 좋은 소리 나온다. 무조건 시청률이다.

〈슈퍼스타K 4〉와 〈SNL〉

박 _ 극적이었던 것은 〈화성인 바이러스〉였고 황당하기로는 〈슈퍼스타K 4〉 출연이었다. 무슨 동네 전국노래자랑 예선도 아니고, 어떻게 거길 나갈 생각을 다 했나? 평소 노래를 좋아하고 잘했나?

강 _ 노래를 좋아한 건 맞는데, 〈슈퍼스타K 4〉는 복잡한 뒷사정이 있다. 노래방에서 '지금 이 순간'이라는 곡을 부르고 재미삼아 동영상을 올렸는데 그게 한 달간 1위를 했다.

박 _ 그게 인지도 때문이지 가창력 때문인가?

강 _ 물론 인지도 때문이었다. 그리고 안 나가려고 했다. 당시 〈슈퍼스타K〉 제작진에서 시즌 4의 컨셉을 군대로 잡았다. 그런데 강용석이 떠서 계속 1위를 하는 것을 보고는, 새 컨셉을 추가로 잡았던 것이다. '군대 + 유명인사'. 그런데 내가 2차 예선에 참가하지 않았다. 그러니 메인 작가가 와서 '강 의원 안 나오면 이번 슈퍼스타K 4 전체 기획이 흔들린다'며 2시간 동안 날 설득했다.

〈슈퍼스타K〉 이전 시즌들을 보면 '락통령', '힙통령', '춤통령' 등 연출에 따라 굉장히 이상한 사람이 되기도 하더라. 자칫 나도 저렇게 될 수 있겠구나 하는 생각이 들어 잘 포장해 준다면 나가는 걸 고려해 보겠다고 했다. 인간적 이미지, 나는 나의 길을 간다는 마이웨이 이미지, 가족을 생각하는 따뜻한 이미지 등이 당시 나왔던 이미지 컨셉이었다. 그래서 내가 '3개 다 해달라'고 했다. (웃음)

박 _ 사전에 세밀하게 시나리오를 짜는구나. 그러다 드디어 〈강용석의 고소한 19〉까지 하게 됐고?

강 _ 그렇다. 작년 10월에 시작했다. 〈강용석의 두려운 진실〉은 12월에 폐지됐다. 〈고소한 19〉 하기 전에 〈슈퍼스타K 4〉, 〈대학토론 배틀〉도 같이 했다. 그런데 〈슈퍼스타K 4〉가 정말 대단한 게, 시청률이 10%가 되니까 위력이 다르더라. 물론 본방송 하기 전에 '그가 온다!' 하면서 광고도 많이 했지만. 10월에 미국 뉴욕에 갔는데, 현대미술관

5층에서 어떤 여자가 나에게 대뜸, "저 혹시 슈퍼스타K에 나온 사람 아니세요."라고 하더라.

박 _ '강용석 의원 아니세요?' 도 아니고 슈퍼스타K 나온 사람 아니냐고? 국회의원 필요 없구나.

강 _ 국회의원 해봤자 필요 없다는 걸 느끼고 또 19대 선거에서도 떨어지고 나니 19대 국회에 관해서 관심이 하나도 없다. 지금 누가 국회의원인지 잘 모른다. 나 있었을 때 했던 사람들만 알고, 이번 초선의원들은 정말 모르겠다.

박 _ 그동안 연예인들 많이 봤겠다. 〈슈퍼스타K〉 땐 심사위원들도 보고. 얘기는 나눠봤나?

강 _ 이승철, 백지영, 이하늘이 있었는데 그 앞에 서서 1분 30초 만에 잘렸다. 얘기해볼 기회는 전혀 없었다. 〈화성인 바이러스〉 때도 방송 끝나고 끝이었다. 뒤풀이 같은 거 없었다.

연예인들을 본격적으로 많이 봤던 때는 〈SNL〉 3주 했을 때였다. 신동엽, 이영자, 유세윤….

박 _ 〈SNL〉도 대단한 방송인데, 연예인들을 접하고 기억에 남는 에피

소드가 있나?

강 _ 신동엽 같은 경우에 방송 9개 한다는 것도 그날 거기서 처음 알았다. 신동엽이 제일 열심히 하는 게 〈SNL〉이라고 하더라. 하루 종일 하고, 사실상 본인이 연출처럼 하더라. 열심히 한다고 생각했다.

박 _ 신동엽은 옛날부터 자기는 19금 코미디를 하는 게 꿈이다 그러더니 진짜 하더라.

강 _ 그게 진짜 자기가 제일 하고 싶어 했던 거라고 하더라. 신동엽이랑은 대기실에서 종일 같이 있으면서 얘기도 많이 했다. 밥도 같이 먹고.

〈고소한 19〉

박 _ 〈고소한 19〉는 어떻게 하게 됐나?

강 _ 작년 9월 초에 tvN 쪽에서 만나자고 연락이 왔다. '나를 두고 여러 기획을 하고 있다'며 할 생각이 있냐고 묻더라. 나는 좋다고 했다. 출연료만 잘 달라고 했더니 터무니없이 올려줄 수는 없고 일단 〈두려운 진실〉보다는 많이 주겠다고 하더라. 그래서 좋다 해보자 그랬다.

TV조선 〈두려운 진실〉은 더빙, 스튜디오, 취재 모두 해야 해서 일주일에 나흘 나갔다. 그런데 TV조선이 출연료가 제일 짜다. 〈고소한 19〉는 일주일에 하루만 찍으면 됐다. '나를 두고 기획한다'는 점도 마음에 들었다. 그래서 나는 굳이 게스트가 필요하겠나, 보조 MC도 필요 없다고 했다. '고소한'은 방송국에서 미리 정했던 것이고 '19'는 '재용이의 순결한 19'를 벤치마킹한 것이다.

박 _ 〈고소한 19〉는 의외로 반응이 좋았다. 강용석이 하는데도 탈정치적인데다가 그렇다고 완전 연예 프로그램도 아니고 교양 프로그램이다. 강용석에게 프로그램 기획 고르라고 했을 때 〈고소한 19〉도 있었나?

강 _ 당시 나왔던 기획들이 대부분 '시사 토크' 형식이었다. 지금 생각해도 내가 잘한 건, 처음부터 종편의 수많은 시사 토크 프로그램을 안 했던 거다. 8월, 9월 그때 '떼 토크'가 유행했다. 전문가 집단, 연예인 집단, 방청객, MC가 있고 매번 어떤 주제를 가지고 떠드는 거. 떼 토크 프로그램이 처음 출범을 했을 때 전문가 집단에서 변호사 하면 전부 강용석을 생각했다. 〈황금알〉이니 뭐니 10여 군데 되는 모든 떼 토크 프로그램에서 전부 나보고 나오라고 했다. 〈자기야〉, 〈세바퀴〉 등에서도 출연 요청이 있었다. 그때 생각을 해보니까 패널로 한번 빠지면 그쪽으로 계속 빠질 것 같았다. 방송을 한다면 MC를 해야지 패널이나 게스트는….

박 _ 손석희처럼?

강 _ 손석희까지는 아니더라도 하여튼 MC라 불리는 급이 있고 패널과 게스트라 불리는 급이 있다. 그 사이 간격이 상당히 크다. 그 간극을 좁히기 힘들다는 생각을 했다. 물어보니 실제로 그렇다고 하더라. 그런데 내가 나름 〈강용석의 두려운 진실〉 MC를 하고 있는데, 같은 종편에 패널이나 게스트로 나가는 건 좀 그랬다. 그래도 〈자기야〉나 〈세바퀴〉는 지상파라 좀 고민했다. 결국은 패널이나 게스트는 하지 말자 결론 내렸고, 그때 〈고소한 19〉가 들어왔다. 단독 MC 프로그램은 시청률 성과가 온전히 내 것이기 때문에 보람이 있을 거라고 생각했다. 〈고소한 19〉는 애드립이 핵심이다. 써준 거 읽는 게 아니라, 얘기하는 거 툭툭 던지는 거. 재밌다.

박 _ 그거 좀 잘하더라.

강 _ 애드립 해서 살아나는 거니까 그 시청률은 내 거다.(웃음) 〈고소한 19〉로 방송계에서 주목받게 됐다.

박 _ 역량을 인정받은 거지.

강 _ 그러고 나서 해가 바뀌고 JTBC에서 연락이 왔다. 〈썰전〉.

박 _ 박수! 〈고소한 19〉할 때, 초기엔 게스트 없었는데 최근엔 왜 게스트를?

강 _ 가끔 전문적인 걸 할 때 부를 필요가 있다. 그런데 우리도 게스트를 부를 때 '기존의 유명한 사람'은 안 부른다는 원칙이 있다. 우리가 새로 발굴한다.

박 _ 그럼 개그맨 김경진은? 왜 불렀는지 모르겠더라. 원체 들보라?

강 _ 영창도 갔다 왔다고 해서 당시 컨셉에 맞았다. 휴가도 18, 19번인가 받았다고 하고, 특이해서 불렀다. 그런데 토크에 좀 약하더라.

박 _ 하여튼 최근에 컨셉상 꼭 필요한 게스트는 몇 명 봤다.

강 _ 〈고소한 19〉의 컨셉도 이런 거다. 한 분야에서 19가지를 해야 하는데, 그 정도 뽑아낼 수 있을 만큼 일단 폭넓은 주제를 택해야 한다. 그래서 원래 19가지가 아니라 30가지는 나올 수 있고 그 중 골라서 19

개로 갈 수 있는 그런 주제를 택한다. 그리고 그 분야에서 전문가가 봐도 두세 가지는 모르는 게 나오는 정도, 비전문가가 봐도 7, 8개는 알만한 정도의 그런 선정기준이 있다.

박 _ 나름 정교하네.

강 _ 그렇다. 그런 식으로 순위를 배치한다. 이를테면 '신종질병'을 주제로 했는데 거기서 누구나 10가지 정도는 들어봐서 아는 거고, 전문가들도 처음 듣는 병이 두세 개는 있었다. '일본'에 대해 했을 때 일본 전문가도 최근 일본 왕실 얘기 같은 건 처음 듣는다고 했다.

박 _ 컨셉이 참 좋다고 느낀다. 이를테면 우리가 교양에 접근할 때 익숙하게 아는 것 때문에 들어가지 않나. 〈고소한 19〉를 보면 우리가 평소 익숙한 내용이 나오는 것 같아서 보다 보면 전혀 몰랐던 내용들이 나오고 그러다 자연스럽게 심화학습 되는….

강 _ '전쟁'에 대해 할 때 유용원 기자를 불렀는데, 2, 3개는 자기도 모르는 거라고 깜짝 놀라더라.

박 _ 작가가 노력을 많이 할 것 같다.

강 _ 〈고소한 19〉 작가가 애 낳고 최근 6년간 라디오만 해서 교양 프로그램에 대해서 잘 몰랐는데, 이번에 〈고소한 19〉를 하고 나니 11군데에서 같이 하자고 연락이 왔다더라.

박 _ 프로그램 보면 작가 역량이 보이니까.

강 _ 작가 역량이 보이지. 선수들은 보면 딱 안다. 우리 프로그램은 MC와 작가 딱 둘이서 만드는 프로그램이라는 게 느껴지니까.

박 _ 그 작가와 컨셉 이야기하면서 직접 여러 가지를 짤 것 아닌가. 작가 역할도 하는 건가?

강 _ 주제 정하는 것부터 디테일 잡는 것까지, 내가 반쯤은 작가다. 방송 33회 했는데 작가와 술을 60번쯤 먹었다. 어제도 먹었다.
　〈고소한 19〉가 30회를 넘어가니까, 지금은 자타가 공인하는 tvN 간판 프로그램이 됐다. 재방송에서도 매번 시청률이 나온다.

박 _ 이 프로그램에 대해 전혀 모르던 사람도 채널 돌리다가 딱 멈추게 된다. 보고 나서 욕 안 한다. 손해 봤단 생각이 안 든다. 애착이 많겠다.

강 _ 그렇다.

박 _ 롱런할 거 같나?

강 _ 그쪽에선 다음번 출마할 때까지 하자고 한다. 앞으로 3년 반?

박 _ 그럼 〈고소한 19〉도 진화할까? 게스트 형식, 스튜디오 밝기 등.

강 _ 조금씩 변하겠지. 이 스튜디오로 한 6개월쯤 했나. 어두운 것도 컨셉이다.

박 _ 컨셉인데 내가 보기에는 조금 더 밝게 해도 괜찮을 것 같다.

강 _ 조금 다르게 할 수도 있다. 조금 밝게, 여러 가지로 진화하는 게 좋다. 컨셉 더 고민하면 더 큰 프로그램 될 수도 있다. 크게 하는 게 좋다는 건 아니고. 처음엔 주제에 대해 굉장히 고민을 많이 했는데, 그러다가 '요런 거 하면 될까?' 하고 툭 던진 게 '평양'이었다. 북한 이야기. 그게 만약 시청률이 나오면 정말 할 게 많겠다 싶어서 툭 던졌는데, 그게 그때까지 했던 것 중에서 시청률 1위를 했다. 그러고 나서 또 2월에 전쟁 분위기 때문에 '어디로 피해라!' 그걸 했는데….

박 _ 그게 제일 컸다.

강 _ 그게 시청률 제일 많이 나왔고, 심지어는 국방부에서 프로그램을 산다고 했다. 민방위, 예비군 훈련 때 튼다고. 민방위와 예비군에서 그걸 앞으로 3년 동안 틀어대면 사람들이 나를 계속 보게 된다. (웃음)

박 _ 우리나라에는 아직도 북한 관련 그런 게 먹힌다. 최근 〈은밀하게 위대하게〉도 역시 흥행하더라.

강 _ '통일이 되면 우리는' 이런 것도 하는데 재밌을 거다.

박 _ 내가 TV에서 본 교양 프로그램 중에서 농축성이 가장 좋은 것 같다. 밀도가 있다.

강 _ 정보량이 엄청나다. 20페이지가 넘는데, 35분짜리 프로그램에서 다 읽는다. 정보가 많아서 한 번 보고 두 번 봐도 새로운 프로 같다. 그래서 재방송도 인기다. 본 사람이 또 봐도 재밌다.

박 _ 일반 대중들이 보기엔 조금 빠르다. 〈무한 도전〉이 빨라서 이해 안 간다는 사람들도 많다. 속도가 부담스럽다는 반응은 없었나?

강 _ 그런데 tvN 보는 이들은 대체로 젊다. 나이 든 사람들도 한 번에 안 되면 두 번 보고 세 번 본다. 계속 볼 수 있어서 재방송을 하면 할수록 시청률이 더 높아지고 있다.

박 _ 〈고소한 19〉는 연예인들 힘 빌리지 않고 순전히 컨셉과 작가의 힘으로 하는데, 그러다 보면 프로그램 기획안들도 떠오르지 않나?

강 _ 그렇다. 요즘엔 기획이 떠오른다. 이런저런 프로그램에 대한 것들.

박 _ 나중에 강용석 이름 걸고, '강용석 쇼'나 '강용석의 토론배틀' 같은 고정 프로그램도 생각하겠다.

강 _ 별생각 다 든다. 예전에 공부하면서 가장 중점적으로 생각했던 것이 '출제자의 의도'였다. 그게 공부 잘하는 비결이다. 그런 시각으로 책을 보면서 도저히 시험 문제로 낼 수 없는 부분은 과감히 버리고, 시험 문제를 낼 수밖에 없는 내용 위주로 공부하면 거기서 다 걸린다. 그런데 방송 역시 제작자의 의도가 있다. 그걸 잘 파악해야 출연자로서 거기에 맞출 수 있다. 이상이야 좋지만 제작비, 제작환경에도 한계가 있기 때문에 할 수 있는 건 한계가 있다. 그래서 피디의 심정으로 프로그램 기획에 접근한다. 그러면 훨씬 낫다.

정치권 역시 마찬가지라고 생각한다. 위원회가 있어도 결국 한 사람이 좌우한다. 그 한 사람이 누군지를 빨리 파악해서 그 사람하고 잘 소통하면 위원회를 장악할 수 있다. 이를테면 〈고소한 19〉 같은 경우에는 메인 작가와 어떻게 잘하느냐가 핵심이다. 〈썰전〉 같은 경우에는 메인 피디다. 그들과 어떻게 얘기를 잘하느냐가 핵심이다.

박 _ 〈고소한 19〉는 내가 봐도 MC와 작가 둘이 연출하는 거다. 요즘 공중파라고 별다른 건 없지만, 공중파에서 강용석에게 40분짜리 프로그램을 준다고 하면 스스로 그런 기획에 대한 자신감이 붙을 거 같다.

강 _ 공중파에서까지 하려면 내년쯤은 돼야지.

김구라

박 _ 피상적인 느낌이지만 난 강용석이 김구라와 잘 맞겠다는 생각을 예전부터 했다. 김구라도 남 눈치 별로 안 보고, 똑똑하고, 좌우 넘나들며 말 잘 통하고…. 〈썰전〉 하는 거 보니까 제대로더라. 김구라와 얘기 잘 통하나?

강 _ 연예계에서 그렇게 이야기할 수 있는 사람은 김구라밖에 없다고 많은 사람이 그러던데 실제로 그렇다.

박 _ 내가 보기엔 김구라가 정치하면 그냥 강용석이고, 강용석이 연예인 하면 김구라다. 너무 잘 맞는다. 그래서 김구라와 친해졌나?

강 _ 그렇다. 개인적으로 이야기도 많이 하고, 과거 이야기도 많이 하고.

박 _ 그런데 김구라도 소위 진보 쪽이거든. 김용민 독려하다가 피해도 봤고, 이전엔 딴지일보 쪽에서 인터넷 방송도 했다. 그런데 강용석은 한나라당, 새누리당 출신이다. 내가 생각했던 건 두 사람의 만남 자체가 우리나라의 정치적 지형을 깨는 상징적인 만남이라는 것이다. 진영논리를 극복하는 상징적인 만남.

강 _ 그래서 그런지 〈오마이뉴스〉, 〈미디어오늘〉, 〈미디어스〉 그런 진보 쪽 매체에서 〈썰전〉에 많이 주목하더라. 〈민중의 소리〉에서도 굉장히 관심을 가진다. 지난번 김갑수와 〈월간 중앙〉에서 같이 인터뷰하지 않았나. 그 사람도 소위 진보 쪽인데, 그렇게 한 이유가 있지 않겠나. 진영논리가 여의도에서 집회한다고 깨지는 게 아니라, 강용석 때문에 깨진다는 말도 있다.(웃음)

박 _ 그런 생각 안 드나. 예능이 리얼이나 캐릭터 싸움으로 간다는. 그게 그렇게 만드는 것도 있겠지만 사실 다 드러날 수밖에 없는 거다. 그래서 앞으로 '내 세상이 올 것 같다.' 그런 생각 안 해봤나? 김구라도 대세인데, 강용석도 못지않다고 본다.

강 _ 나와 김구라의 공통점은 둘 다 연기가 안 된다는 거다. 내가 〈SNL〉에서 해보니까 대본 보고 그대로 하는 거 정말 안 된다. 김구라도 20년 된 개그맨인데 자기는 연기 못 한다고 딱 잘라서 얘기하더라. 그런데 신동엽은 콩트 이런 데서 확 산다. 토크도 잘하지만.

박 _ 박명수도 정극 타입이 아니다. 그런데 리얼로 가면서 뜬 거다. 앞으로 정극이 없어지진 않겠지만, 예능에선 리얼이 대세다. 이상민이 나왔던 〈음악의 신〉처럼 정극도 리얼 예능을 결합해서 나오기도 한다. 앞으로 강용석에 대한 수요는 오래 지속될 것 같다.

  강용석은 69년생, 김구라는 70년생이다. 서로 말 놓나?

강 _ 아직 안 놨는데, 좀 있다 놓을 것 같다. 그런데 굳이 놓을 필요도 없을 거 같고. 서로 그냥 편안하게 이야기하니까.

박 _ 김구라에 대한 평가는?

강 _ 김구라는 방송인이 아니라 해도 세상에 대해 식견이 있는 편이다. 게다가 여러 가지 면에서 기다릴 줄도 알고, 나설 때 물러설 때의 타이밍도 잘 안다. 오랫동안 고생을 해 본 사람이라 그런지 지금 현재 위치에 늘 고맙고 감사히 생각하는 것 같다. 진중한 사람이다.

박 _ 강용석 자신과 공통점이 있나?

강 _ 위기상황에서 아주 신중하고 계획적으로 고려를 많이 해서 헤쳐 나온 그런 거.

박 _ 그리고 둘 다 자수성가 타입이다. 그리고 둘 다 솔직하고 착한 척 안 한다. 김구라도 강용석처럼 '나 돈 때문에 한다'는 식의 말을 대놓고 하는 스타일이다.

강 _ 솔직하고 위선적이지 않다는 면에선 비슷하다.

〈썰전〉

박 _ 〈썰전〉도 벌써 20회가 넘었다. 어떻게 시작하게 됐나?

강 _ JTBC에서 누가 하려고 했더라. 여운혁 피디인가. 1월 초에 우연히 전화가 왔다. 새로운 프로그램 하려는데 거기에 MC로 같이 하자는 제안이었다. 그래서 만났다. 그런데 예능 프로그램이라서 놀랬다. 난 처음에 여운혁 피디가 누군지 몰랐다. 내 아들이 알더라. 〈황금어장〉 만든 사람이 여운혁이더라고. 피디 중 유명한 사람이 여운혁, 김태호, 나영석인데 여운혁이 제일 유명하더라.

박 _ 직접 전화가 왔다고?

강 _ 직접 전화가 왔는데 나는 몰랐으니까. 처음 만난 게 여운혁, 메인 피디, 메인 작가였다. 여운혁은 CP였다. 김수아 피디가 지금 메인 피디인데, 넷이서 만나 술 먹으면서 이야기해보니 셋 다 예능 프로만 내내 했던 사람들이었다. 그래서 난 예능 프로는 안 한다, 예능 프로라서 못하겠다고 했다. 나는 정치를 해야 하는데 예능으로 빠져 버리면 다시 못 돌아온다는 생각을 했다. 그래서 내가 할 수 있는 마지노선이 〈고소한 19〉다. 더는 못 간다고 그랬다. 그런데 김구라와 같이 시사에 관해서 이야기하는 건 어떠냐고 그래서 그건 괜찮겠다고 했다.

　당시 진보 쪽 패널은 아직 정해지지 않은 상태였다. 김구라가 진행하면 재미는 있을 거라고 생각했다. 그런데 뒷부분이 TV 예능 프로그램에 대해서 전반적으로 이야기하는 코너였다. 말하자면 TV 비평이다. 출연진을 보니 이윤석, 홍석천, 허지웅 등이었다. 출연료는 김구라의 60%는 받아야겠다고 질렀다. 그랬더니 그쪽에서 '그렇게 주면 나가겠냐?'라고 물어보길래 하겠다고 했다. 모든 걸 다 할 수 있는 가장 좋은 명분은 역시 돈이다.

박 _ 아니 그 시점에서 '김구라가 하면 해야지.' 그런 생각은 안 했나?

강 _ 그때까진 안 했다. 예능이니까. 당시 김구라는 강용석과 하고 싶다고 계속 말했다고 하더라.

박 _ 왜 그랬지? 김구라는 강용석을 알아보는데 왜 김구라를 못 알아봤나?

강 _ 지금 잘 됐으니 그렇게 생각하지만, 예능 프로그램 나가서 잘못하면 이미지만 망가지고 시청률은 안 나오고 그럴 위험성이 존재하는 건 사실이다. 작년 7월에 〈앵그리 버스〉라는 파일럿 프로그램을 녹화했던 적이 있다. 거기 MC랍시고 갔는데, 보조 MC처럼 빠지는데다 너무 연예인들과 섞여서 하니 힘들더라. 김성주, 붐 이런 사람들과 했다. 한 회 파일럿으로 하고 바로 접었다. 아무도 모르니 다행이지, 그거 괜히 3~4회 해서 이미지 엉망 될 수 있었다. 〈앵그리 버스〉는 일반인들 불러다가 화나는 거 들어주고 해결해주는 그런 거였다. 취지는 좋은데, 막상 누구랑 하냐가 중요하더라.

박 _ 그런데 그 〈썰전〉 후반부 게스트는 괜찮지 않나.

강 _ 생각보다 괜찮다. 막상 해보니까 괜찮더라. 시청률이 더 나오진 않는데 내가 그걸 하면서 방송연예에 대해 좀 많이 알게 됐다. 드라마면 드라마, 예능 프로면 예능, 심지어는 웹툰에 대해서도 좀 알게 됐다.

박 _ 일반 정치인들이 그렇게 섭렵하기가 어렵다. 억지로라도.

강 _ 억지로 섭렵하고 있다.

박 _ 그런데 어제 방송에서 웹툰 '미생'을 이야기하던데 방송하기 전에 읽어보고 가나?

강 _ 읽고 갔다.

박 _ 몇 편이나?

강 _ 한 10화까지 봤나? '미생'이 요즘 제일 '핫'하니까. 다른 건 몰라도 미생은 정주행을 해야겠다고 생각했다.

〈썰전〉과 〈백분토론〉

박 _ 아무튼 〈썰전〉을 하게 됐는데, 김구라, 이철희와는 잘 맞나?

강 _ 이철희는 첫 회 나갈 때 처음 봤다. 그전까진 전혀 몰랐다. 작년 대선 때 시사 프로그램에 많이 나왔다고 하던데, 난 저번 대선 때 그런 거 안 봤다. 막상 해보니까 적절한 선에서 합리적으로 딱 접을 건 접고, 서로 선을 지켜가면서 해오고 있다.

박 _ 김구라와 방송 후 술자리를 하면서 이야기 많이 했겠다. 말이 잘 통할 것 같다. 이철희도 술자리에 끼는가?

강 _ 이철희는 먼저 녹화하고 가기 때문에 같이 자리할 기회가 많지 않았다. 한 번 정도?

박 _ 그러면 김구라와 둘이서 노나?

강 _ 둘이 아니고 주로 피디하고 같이 먹지.

박 _ 내가 보기엔 일반 사람들이 예상하는 것과 달리 이철희가 좀 더 공격적이고, 이런 표현이 어떨지 모르나 좀 더 싸가지없이 굴고, 오히려 강용석이 잘 받아주고 온화하다는 느낌이 있다. 거기에 대해서 동의하나? 그러면 의도가 있거나, 어떤가?

강 _ 이철희가 〈백분토론〉 하는 거 보니까, 김진 논설위원하고 같이 하면 오히려 나같이 되더라. 온화하게.

박 _ 상대적이다 그 말이군.

강 _ 굉장히 상대적인데, 이철희 같은 경우 정치 분야에 대해서는 잘 아는데 그걸 조금만 벗어나면 잘 모른다. 요새 정치 이슈가 별로 없으니까 개별 이슈, 이를테면 전기료, 군사력, 중국 뭐 이런 다양한 주제를 하다 보니까….

박 _ 예를 들어 국제중 이슈 같은 경우, 주로 원론만 이야기하는 수준에 머문다.

강 _ 너무 원론만 이야기하고 너무 뻔한 이상적 이야기하고, 그러니까 디테일 없으면 금방 밀린다. 이철희 소장이 김한길 대표 보좌관 출신이다. 김한길이 이번에 이철희에게 최고위원 하라고 했는데 안 했단다. 요즘 매주 김한길이 전화한단다. 〈썰전〉을 보는데 지금 사실 여야는 국회가 아니라 〈썰전〉에서 제일 뜨겁게 붙고 있으니, 공부 좀 해서

나가라고 했다더라.(웃음)

박 _ 벼락치기 공부는 티 난다.

강 _ 좀 알아야 한다. 하루 이틀 안에 그게 되면 누구나 다 할 수 있지….

박 _ 그게 보이니까 좀 안타깝다. 그런데 사실 프로그램 보면서 느낀 건데 이철희 정도 되는 사람도 드물다. 이철희가 조금 더 세지면 좋겠다는 생각이 들었다.

강 _ 그래서 유시민, 진중권 나오라는 이야기도 나온다. 내가 볼 땐 진중권은 이철희보다 못할 거다. 진중권은 생각보다 방송 잘 못 한다.

박 _ 진중권은 특유의 쇼맨십 이런 게 있었던 건데, 든 게 많이 없다. 그나마 유시민은 책이라도 많이 읽었지 않나. 듣는 것도 많고 머리도 좋고. 참 아쉽네. 아무튼 〈썰전〉이 〈백분토론〉보다 여러모로 훨씬 낫다는 생각이다.

강 _ 요즘 시청률도 〈썰전〉이 더 좋다.

박 _ 공중파 대표 시사 프로그램이 케이블 프로그램에 밀리고 있다. MBC에서 안일했다. 철밥통 마인드로 프로그램에 대한 고민이 없으니 당연한 결과다. 그러면서 패널 수준은 점점 더 떨어지고, 진보 쪽에서 강용석급 되는 인물이 한 명도 없다. 최근에 〈백분토론〉을 보는데, 이게 문학적 과장법이 아니라 진짜 무슨 저능아들이 나온 줄 알았다. 〈썰전〉과 〈백분토론〉이 차이가 나는 이유가 무엇이라고 생각하나?

강 _ 핵심은 편집이다.

박 _ 어느 정도 편집하나?

강 _ 3시간 찍어서 40분 나간다. 〈백분토론〉은 생방송이니까 한계가 있다. 부담이 되니 한 시간 늦게 나가고 그러기도 한다. 그러니까 아주 예민한 부분만 잘라내고 가는 거지. 〈썰전〉이 보기 편한 게, 편집하면서 그림도 집어넣고 앵글 돌리고 자막 넣고, 일단 모르는 이야기할 때 설명할 필요 없다. 자막으로 깔아주니까. 그게 굉장히 크다.

〈백분토론〉 같은 생방송 토론을 할 때면 뭔가 새롭고 어려운 개념이 나오면 설명 같은 것도 해야 한다. 그러면 늘어진다. 〈썰전〉은 편집 때문에 출연자 입장에서도 편하다. 막 털어도 나중에 알아서 편집해주니까. 사실 우리나 〈백분토론〉이나 하는 건 똑같다. 그런데 얼마나 긴박감 있게 편집하느냐, 그 차이다.

방송도 전문성으로 승부해야 한다

박 _ 준비는 많이 하나?

강 _ 준비는 하는데 〈백분 토론〉 패널보다 더 준비한다고 말하긴 힘들다. 그 주제에 관한 최근 신문기사 유력한 것들 쭉 읽어보고 가는 정도다. 한 200페이지 정도 읽는다.

〈썰전〉의 가장 좋은 점은 섭외를 안 해도 된다는 것이다. 그래서 섭외에 필요한 작가가 없다. 보통 그런 프로그램들은 작가 2, 3명이 섭외에만 매달려 있다. 〈썰전〉은 섭외가 필요 없으니 작가들이 완전히 내용에 집중할 수 있다. 작가들이 총 6명이다. 처음엔 예능작가들이라 시사에 익숙하지 않았다. 심지어 '전당대회'란 단어를 모르는 사람도 있었다. 그런데 지금은 15주쯤 지나니까 이제 점점 내공이 쌓여간다.

우리는 계속 수준을 추구한다. 사실 '떼 토크' 같은 경우는 뻔한 소리 돌아가며 물어보면 작가로서 역량이 쌓인다는 생각이 안 들 것이다. 〈썰전〉 작가들은 방송을 하면서 공부가 된다는 느낌을 가지는 것 같다.

박 _ 케이블 채널은 전문성이 있다.

강 _ 작가들도 전문성이 생긴다.

박 _ 그 작가들 일할 맛 날 것 같다.

강 _ 〈썰전〉 작가들은 나가면 〈썰전〉 같은 프로그램 만들 거 같다. (웃음)

박 _ 〈썰전〉 하면서 이철희와 감정 상하는 일은 없나? 가끔 이철희가 강용석에게 '지가 안철수 급인 줄 알아?'라고 하던데.

강 _ 제일 센 그런 부분만 나오는 거다. 세 시간 대화하는 중에서 하하 호호 웃다가 제일 센 것만 나온다. 격렬하게 보이도록. 왜냐면 너무 친해지면 하는 건 편할지 몰라도 방송이 재미없다. 내가 보니까 〈무한도전〉이 그걸 정말 잘한다. 7명이 함께 8년을 하는데 아직도 긴장감이 살아 있다. 만난 지 얼마 안 된 사람들처럼 서로 싸우고.

박 _ 드라마도 그렇고 긴장 유지하다가 폭발하고 마무리하고 그런 건데, 기승전결을 잘하는 것 같다. 마지막에 박으로 머리를 쳐서 카타르시스까지 준다.

김구라는 뒤풀이 할 때 모습이 방송과 비슷한가?

강 _ 똑같다.

박 _ 얼마 전 손석희 신임 사장으로부터 전화받았다고 했는데, 특별한 거 있었나?

강 _ 그냥 취임인사였다.

박 _ 그 방송국에서 강용석을 메인 콘텐츠로 생각하는 듯 보인다.

강 _ 김구라나 다른 사람들에게 전화하진 않고 나한테 했다는 건 그런 의미가 있지 않을까 생각한다. 그다음 주 홍석현 회장이 불러서 갔다. 사무실에서 30분간 차 마셨다. 그전에는 김수길 사장이 부르더라.

박 _ 방송인으로서 안착된 신호를 받은 단계인가.

강 _ 일단 JTBC에서는 그렇다고 본다.

박 _ JTBC 안정화의 주역으로 스스로 뿌듯하게 생각하나.

강 _ 지금 시청률이 말하는 거다. 〈유자식 상팔자〉와 〈썰전〉. 토크 프로그램들과 가장 결정적인 차이는 아무도 시도해보지 않았던 것을 했다는 것이다. 중학생 애들 데려다 놓고 얘기하는 거, 그게 굉장히 특이하다는 평이다.

〈유자식 상팔자〉

박 _ 〈유자식 상팔자〉 나가게 된 계기는?

강 _ 김성원 작가의 제안이었다. 〈세바퀴〉를 만든 작가다. 작년 9월 〈주병진 토크 콘서트〉를 만들었는데, 첫 회 때 게스트로 나를 불러 녹화까지 했다. 그런데 그때 나를 유심히 봤던 것 같고 두 시간 정도 이야기를 한 적이 있다. 〈유자식 상팔자〉 시작할 때 나에게 전화를 했다. 사춘기 애들하고 이야기하는 프로를 새로 시작하려는데 애들이 중2, 중3 아니냐고 묻더라. 아이들하고 같이 나올 수 없냐고 묻길래 "애들이 안 나가려 할 텐데, MC 시켜주면 나가도록 해보겠다."라고 했다. 그랬더니 MC 하라고 하더라. 그래서 애들과 같이 나가게 됐다.

박 _ 애들의 저항은 어떻게 진압했나?

강 _ 출연료가 있으니까. 사람을 움직이게 하는 데는 여러 가지가 있지만 가장 확실한 건 돈이다.

박 _ 맞다. 돈을 제대로 안 주니까 반란을 일으킨다.

강 _ 돈만 제대로 줬으면 스파르타쿠스가 미쳤다고 반란 일으켰겠나.

박 _ 아이들은 방송에 잘 적응하고 있나?

강 _ 잘하더라. 열심히 하면 더 잘할 텐데. 애들이 자꾸 열심히 안 하려고 그러니까. 그 프로그램에 다 연예인 자식들이 나오는데, 그러면 재미가 없다. 그러면 이건 〈붕어빵〉처럼 된다. 진짜 사춘기이면서 연예인도 아닌 보통 애들이 필요한 거다. 그런 애들이 몇 명 없어서 그래서 애들이 가치가 있는 거다. 방송에서 핵심은 '대체 불가능성'이다. 그게 없으면 언제든지 바꿔 넣으니까.

박 _ 차별성이 있으니 제안이 계속 들어오네.

강 _ 이것저것 온다. 그런데 이건 MC 시켜준다고 하지, 애들하고 나가니까 가정적 이미지나 뭐 그런 건 확실하게 생길 거다. 그리고 방송 자체에 대한 부담이 없다. 2주에 하루 녹화해서 2회분씩. 한 번에

2회분씩 찍으니까 시간 부담이 없다. 가정적인 이미지 생기고 기존의 〈고소한 19〉나 〈썰전〉과 겹치지도 않는다.

박 _ 방송에서 '강호동보다 유재석이 대세인 것 같다.' 그런 말을 했는데 특별한 피드백은 없었나?

강 _ 없었다. 나는 그게 민감한 말인지 잘 몰랐다. 그래서 그런 얘기하는 게 당연하다고 생각했다. 허지웅이 나보단 훨씬 세게 한다. 가령 〈구암 허준〉 같은 드라마는 자기가 인생에서 봤던 드라마 중에 제일 재미없다는 둥 막 지른다. 그런 식으로 하는 게 기존 방송에는 전혀 없었다. 〈썰전〉 앞부분이 세다고 생각하는 분들도 있지만 사실 뒷부분이 훨씬 세다.

박 _ 김태희 연기력을 지적한 발언에 대해 반발은 없었나?

강 _ '예능심판자' 부분은 25분밖에 안 나가는데 실제 2시간 녹화한다. 그리고 예능심판자는 대본이 조금 있다. 앞부분은 김구라 진행멘트만 있지만, 뒷부분은 전화인터뷰 등을 참고 해서 대본을 만든다. 근데 재밌기는 하다. 매번 주제가 바뀌고 심지어 웹툰까지 화제에 오르니까, 대중문화를 훑는다는 느낌이 있다.

박 _ 온라인에서 강용석 개인의 발언에 대해서 반응이 가장 뜨거웠던 건, 싸이·비욘세 발언이었다. 싸이가 비욘세를 만날 것이라는 예언. 방송에서 김구라가 칭찬할 때 당시 표정도 좋았다. 별것 아니라는 듯. 뭐랄까, 연예기자 중 고수들이 하는 것을 했다.

강 _ 사실 난 '싱글 레이디'라는 노래를 몰랐다. 그게 대표곡 중 하나지. 그런데 내가 〈SNL〉에 처음 나갔을 때 뒤에서 김슬기가 남자 두 명이랑 '싱글 레이디' 춤을 췄다. 그때 그 곡을 처음 알았다. 싸이가 공연하면서 '싱글 레이디'를 똑같이 하더라. 그것 때문에 비욘세 뮤직 비디오를 봤다. 싸이가 그걸 쫓아 하는데, 싸이와 함께 찍은 사진 중에 비욘세가 없는 거다. 비욘세가 있으면 무조건 비욘세 사진부터 뜰 텐데. 비욘세보다 훨씬 못한 스타들 사진까지 나오는데 비욘세가 없길래 "비욘세랑 사진 한 번 찍어야겠네." 했다. 그런데 마침 사진이 올라오더라.

박 _ 원래 비욘세 팬도 아닌데. 예능감 소리가 그냥 나오는 게 아니구나.

강 _ 그것도 그렇고, '진격의 거인' 이야길 했는데 그건 다 봤다. 9화까지 다 봤다. 진격의 거인을 보면서 그 느낌을 받았다. 아 저게 인류가 일본 애들이고 밖의 거인은 중국이라고 하면… 그 생각을 하고 있었다. 마침 일본 이야기를 할 기회가 있어서 그런 이야기를 했는데, 비유가 적절하고 안 하고를 떠나서 내가 '진격의 거인'을 안다는 것 그자체를 신기하게 보더라.

박 _ 그런 게 있다. 정치인들이 그런 데 관심을 보일 때 단기간에 벼락치기를 통해 아는 척하는 것과 원래 관심을 두고 알고 있던 건 큰 차이가 보인다. 대중은 그런 걸 잘 알아차린다. 원래 대중이 논리에는 약하고 패턴에는 강하다는 말이 있잖나.

강 _ 1년 반 전에 인터뷰하다가 내가 '건담' 이야기를 했다. "건담 안에 신인류인지 뭔지, 우주에서 태어난 사람들이 지구 인류와 능력이 다르다." 이런 멘트를 했는데 건담을 안다는 것 자체에 대해서 반응이 있었다. 서브 컬처에 매료된 사람들은 같은 관심사를 가진 사람에게 동질감을 느낀다. 심지어 어떤 웹툰을 보느냐에 따라서 그 사람을 판단하기도 한다. 웹툰, 미드, 일본 애니 등 자기가 알고 있는 것을 같이 안다는 것에 친밀감을 느끼는 것 같다.

박 _ 어설픈 정치인들은 그런 걸 티 나게 주워섬긴다.

강 _ 그런 건 티 나지.

케이블과 종편 그리고 공중파

박 _ 방송이 갈수록 세지는 것 같다. 실명 거론 부분도 강하다.

강 _ 맞다. 심지어 타 방송사에서 MBC, KBS 이름도 말 못해서 최근까지도 K 본부, S 본부 그렇게 이야기했다. 우리는 무슨 프로에 피디 이름까지 대가면서 거기가 뭐 어쩌고저쩌고하니까 우리가 특이해 보이기는 하나 보더라. 그런데 연예부 기자들은 〈썰전〉 앞부분은 자기들도 처음 보는 포맷인데, 뒷부분은 연예부 기자들 입장에서는 별거 아니라고 생각하더라. 우리가 볼 때도 내용 면에서는 연예뉴스 수준을 벗어날 순 없다.

박 _ 글과 말의 차이인 것 같다. 육성으로 직접 들으니까.

강 _ 방송을 보는 사람들은 연예 뉴스를 읽거나 하는 것보다 방송으로 보는 걸 더 세게 느낀다.

박 _ 그런데 그걸 일종의 '방송의 진화'라고 평가할 수도 있는 건가?

강 _ 진화에 대한 해석에 따라 다르겠지만, 진화를 보통 쓰는 진화의 의미로 본다면 아주 정확한 '방송의 진화'다. 발전이라고 볼 수는 없겠지만 진화로 본다면 맞다. 그런 요구가 있고 그에 맞춰 적응하는 거니까 진화임에는 확실하다.

박 _ 내가 진화라고 표현한 건 발전의 의미도 있다. 우리나라에 실명비판이 약하다. 이런 식으로 얘기하긴 좀 그렇지만 선진국에선 다 하는 거다. 실명 비판이나 디스문화….

강 _ 기존 공중파에서 못한 건, 문화적으로 못했다기보다는 그렇게 하기 시작하면 자기들이 당할 게 더 많으니까 서로 암묵적으로 안 하는 거다. 또 종편이 생기고. 케이블과 공중파는 따로 노니까 상호비판할 일이 없다. 종편이 아주 애매한 위치다. 케이블도 아니고 공중파도 아니다. 자기네들은 공중파인 줄 아는데 대중은 케이블로 생각한다.

박 _ 아무튼 종편이나 케이블의 발랄함을 볼 때 나는 방송의 진화 및 발전의 면모를 본다.

강 _ 그런 일이 있었다. 〈엄지의 제왕〉이 강호동이 나왔던 〈달빛 프린스〉를 시청률에서 딱 한 번 앞섰다. 그러자 바로 〈달빛 프린스〉가 없어졌다. '허참이 강호동을 앞섰다'라는 기사가 뜨자마자 없어졌다. 〈황금알〉이 〈토크클럽 배우들〉을 앞서니까 〈토크클럽 배우들〉도 없어졌다. 그러니까 지금 공중파 프로그램의 폐지 기준은 종편 프로그램의 시청률이다. 3% 초반 나오면 잘못하면 폐지된다. 종편에서도 3.5~4% 나오는 프로그램이 꽤 있다.

박 _ 〈개그콘서트〉도 침체기라는 말이 있고, 강호동의 〈무릎팍 도사〉도 시청률 3%대를 오락가락하면서 폐지 위기라는 말도 있다. tvN의 〈코미디 빅리그〉는 요즘 선전하고 있는 것 같고.

강 _ 〈무릎팍 도사〉는 너무 오래 했다. 같은 포맷으로 6년째다.

박 _ 정준하는 두 번 출연하기까지 했다.

강 _ 요새 두 번째로 출연한 사람들 좀 있었다. 윤도현도 두 번 출연했다. 내가 볼 때 원맨 토크쇼로 진행하려면 출연자는 대중의 관심을 받는 사람이어야 한다. 그 사람의 시시콜콜한 일상의 신변잡기도 관심을 둘만 한 가치가 있어야 한다. 우리나라에서 그 정도 되는 사람은 200명 정도다. 그러면 4년이면 나올 사람 다 나온다. 그러니 4년이 한계다.

박 _ 〈승승장구〉도 그래서 문 닫은 거고.

강 _ 〈힐링캠프〉도 4년이 안 됐으니까 나올 사람이 아직 있다. 요즘

〈무릎팍도사〉엔 얼굴은 알지만 이름은 모르는 배우도 나온다. 〈용의 눈물〉에서 장군 3번으로 나오는 사람 정도인데. 싸인 해줄 때 꼭 '용의 눈물 누구 역' 그렇게 쓰는 사람들 있잖나. 그냥 이름만 쓰면 모르는 그런 정도의 사람도 나오더라. '갈 때가 됐는데 아직도 붙들고 있구나.'라는 생각이 든다.

박 _ 강용석이 〈힐링캠프〉나 〈무릎팍 도사〉에 출연도 가능할 거라 보나?

강 _ 내 짧은 경험에 의하면, 누구에게 어떤 프로그램을 맡기려고 하면 미리 자사의 프로그램에 한번 출연시킨다. 만약 내가 MBC나 SBS에서 어떤 프로그램을 맡을 때가 되면 〈무릎팍도사〉나 〈힐링캠프〉에서 먼저 부를 거다. 그러면 3주나 한 달 뒤에 새로운 프로그램이 시작된다. 거의 예외 없는 패턴이다.

박 _ 〈개그콘서트〉도 너무 똑같은 포맷이 반복된다는 생각을 한다.

강 _ 포맷이 없는 〈무한도전〉이 8년 동안 장수하고 있다. 물론 〈개그콘서트〉가 제일 오래됐지만. 〈무한도전〉은 포맷이 없으니까 가능하고 개콘은 사람이 계속 바뀌니까 가능한 것이다. 개콘은 3, 4년에 한 번씩 물갈이하더라. 그러니까 개콘이라는 '이름'과 코너별로 콩트를 한다는 '포맷' 빼놓고는 다 바뀐다.

박 _ 개콘도 잘 나갔는데 요즘 새로운 스타가 잘 안 나온다. 압도적 스타들이.

강 _ 대한민국에서 압도적 스타가 많이 나오기 힘들다. 인구가 5천만이라서.

박 _ 그러고 보면 요즘은 춘추전국시대 같다. 정치계도 연예계도. 물론 유느님은 예외라고 하지만.

방송인에게 국민 정서는 중요하다

박 _ 원래 연예계에 대한 관심은 있었나? 어릴 때부터?

강 _ 전혀 없었다.

박 _ 그런데 어떻게 이렇게 적응이 빠른가?

강 _ 난 스포츠, 연예 이런 데 관심이 없었다. 그 때문에 사법시험에 좀 빨리 붙은 것 같다. TV도 거의 안 본다. TV나 잡기를 안 하는 대신 책과 영화를 본다.

박 _ 빨리 적응할 수 있었던 비법을 말해달라.

강 _ 공부하듯 하는 거다. 월요일 녹화라서 주말에 TV를 섭렵한다. IPTV로 보기도 하고.

박 _ 그리고 작은 질문들. 설경구 논란에 대한 건데, 한국 아주머니들이 들고일어나서 저렇게 외도한 사람을 왜 방송에 출연시켜 하면서 난리인데 설경구의 〈힐링캠프〉 출연에 대해 어떻게 생각하나.

강 _ 그때도 〈썰전〉에서 말했는데 헌법보다 '국민정서법'이 위에 있다고. 차라리 법적 처벌을 받으면 시효도 있으니 딱 끝난다. 그런데 이국민 정서를 잘못 건드린 유승준은 10년 넘어서 12년 가까이 돼 가는데 아직도 못 들어온다. 싸이처럼 군대 두 번 가서 해결을 하든지. 뭐이런 해결할 게 있었으면 되는데 그게 좀 부족하면 그렇게 망하는 것이다. 설경구는 조금 그 부분이 미흡하긴 했다. 전 와이프 문제도 그렇고.

박 _ 그런데 이게 말 그대로 정서적으로도 해명할 그게 없지 않나. 답답할 것 같다.

강 _ 이혼한 사람이 한둘인가. 이혼한 사람 중 그 정도 일없이 이혼한 사람이 어딨겠나.

박 _ 반응이 과하긴 하지만 국민 정서는 어쩔 수 없다?

강 _ 잘 넘어가면 다행인 거고 잘못 걸리면 망하는 거고. 똑같이 표절을 해도 김혜수는 잘 넘어갔고 김미화, 김미경은 작살이 났다. 그런 거지.

박 _ 헌법 위에 국민 정서인데. 그런데 국민 정서는 공정하지도 않다.

강 _ 그렇다. 그건 정말 위기관리의 문제다. 운도 따라야 하고. 그런 거 닥쳤을 때 어떻게 잘 헤쳐나가는가 그런 것도 굉장히 중요하다.

박 _ 강용석 장모님과 싸이 장모님이 절친이라던데 방송에서 한 얘기 그대로인가?

강 _ 20년 친구다. 굉장히 친하다. 근데 장모님끼리 친한 건 아무 상관 없다. 장모님이 아니라 내가 싸이랑 친하다고 해도 직접 볼 수 있을까 말까 하다.

박 _ 최근에 아줌마들 이슈 중 하나가 장윤정 엄마이다. 나는 이 이슈의 본질이 남아선호사상이라고 생각한다. 어떻게 생각하나? 엄마가 남동생 밀어주려고 딸은 인간으로도 안 본다. 우리나라 옛날 분들 중 이런 엄마 많다. 여자의 적은 여자다. 아들 둔 부모는 학교 와서 유세를 한다. 딸 가진 부모는 조용하다.

강 _ 장윤정이 완전히 소녀 가장이었더만. 돈을 누가 썼냐 안 썼냐에 대한 논쟁이긴 한데, 확실히 벌어온 건 장윤정이다.

박 _ 그거 다 파헤쳐 졌다. 동생이 만든 회사는 장윤정이 준 돈 다 박아서 매출 가짜로 올렸고 아무것도 하는 게 없다. 엄마는 아들이 번듯하게 부사장 역할을 하니까 좋은 거야. 아들이 돈을 버니 안 버니 상관이 없는 거야. 그런데 딸이 딱 끊으니까 "저 죽일 년" 이러는 거다. 장윤정이 오죽하면 엄마를 접근 금지 신청했겠나. 내가 아는 사람 중에도 많다. 엄마들은 저걸 특별하게 안 본다. 우리나라 일반적 정서다.

강 _ 나는 별로 그런 경험이 없어서…. 남의 가정사고 내용도 모르고.

종편과 케이블의 미래

박 _ 최근에 작은 논란이 있었다. 종편은 케이블과 다른 점이 보도기능이 있다는 건데, tvN 같은 케이블 채널에서는 유사 보도 프로그램을 하면 안 되는 것 아닌가 하는 문제 제기였다. 〈SNL〉에서 최일구 아나운서가 나오는 뉴스비평 코너를 두고 하는 말인 것 같았다.

강 _ CJ가 그 문제를 해결하려면 종편을 사든지, 보도채널로 허가를 받든지 해야 할 것이다.

박 _ 그런데 앨빈 토플러의 《부의 미래》란 책을 보면, 미국에선 하이브리드 시대를 맞아 뉴스에서 코미디를 하고, 코미디에서도 뉴스를 한지가 꽤 됐다. 뉴스를 할 수 있는 채널을 지정한다는 것이 이상하지 않나. 다른 종류의 프로그램은 지정을 하지 않는데. 공익성 때문인가?

강 _ 글쎄, 종편들은 어마어마한 경쟁을 뚫고 그걸 따냈다. CJ는 tvN 채널을 그냥 쓱 만든 거다. 불공평한 것 같다. 그렇게 따지면 지상파와 종편의 차별도 폐지해야지. 그러면 종편들이 지상파 채널 7과 9 사이에 들어가겠다는 것도 막을 수 없다. 그러니까 지금 그 보도채널을 우회해서 하는 건 현재 방통위 구조 자체를 허무는 거라 위험하다.

박 _ 그럼 법적, 형식적 제약 조건은 차치하고 생각한다면?

강 _ 콘텐츠 자체로 구분하는 건 무의미하다고 생각한다. 시사프로니 보도프로니 예능이니 구분하는 것도 이제 무의미하다. 예능이란 말이 생긴지 10년밖에 안 됐다. 그전에는 원래 오락이라고 했다.

박 _ 난 아직 예능프로그램 그러면 좀 어색하다. 오락이라고 하면 되는데.

강 _ 그렇지.

박 _ 모든 케이블에서 뉴스를 만든다, 그러면 이상할까?

강 _ 모든 프로그램을 종편처럼 한다?

박 _ 아니, 모든 케이블 채널에서 만들려면 만들고 말려면 말고. 아나운서 대충 해서 하든지 말든지.

강 _ 그러면 전문성이 사라지지 않을까.

박 _ 자유경쟁 생기면서 정리되겠지. 말도 안 되는 재탕뉴스 이런 건 사람들이 우습게 볼 거고 아예 선정적 뉴스만 취급하는 데도 생길 거고. MBN도 경제뉴스만 하는 것도 아니잖나.

강 _ MBN이 처음에는 경제뉴스만 가지고 허가를 받았다. 그런데 다른 채널에 경제뉴스, 증권뉴스 등이 계속 생겼다. 그래서 MBN이 경제뉴스로만은 안 되니까 종편으로 간 것이다. 그리고 허가할 때 규정하는 비중이 그리 높지 않다. 그 분야를 40~50% 하게 돼 있다. 나머지는 알아서 시간 때우면 된다. 국회방송도 국회 다루는 시간이 반도 안 된다. 나머진 다큐멘터리로 때운다.

난 오히려 과잉중복투자나 독점이 문제라고 생각한다. 모든 채널이 성격이 같다면 머독 같은 사람이 나온다. 1900년대 미국에 자동차 회사가 2,000개 있었다. 그런데 이제 세 개가 됐다. 우리나라 인터넷 포털도 90년대 말에 아주 많았다. 지금은 몇 개 없지.

박 _ 지금 케이블 채널도 거의 모두 CJ 소유다.

강 _ 그러니까 케이블이 그렇게 구분이 있는데도 CJ가 대부분 소유하고 있는데, 채널별로 그런 특색마저 없으면 더 독점이 될 것이다. 지금은 법적 차원이든 규제차원이든 칸막이를 쳐 뒀으니 못 사는 거지. 종편도 앞으로 한 3년 있어야 팔 수 있다.

박 _ 케이블, 종편, 지상 3사 대결의 미래를 어떻게 예측하나. 지금 종편이 좀 애매한데.

강 _ 지금 벌써 종편의 심야시간 프로그램 4개를 합치면 10%가 넘어선다. 그래서 지금 계속 그런 기사들이 나온다. '그 많던 시청률 다 어디 갔나, 종편이 나눠 먹었다.'

박 _ 평준화를 예상하는 건가?

강 _ 평준화까진 되겠나. 지금 뭐 10% 넘겼다고 하는데, 케이블까지 해서 20%까지도 충분히 가능하지 않을까 생각한다. 그게 한계겠지. 사실 대부분 종편 개별 프로그램의 본방송 시청률은 1%다. 하지만 재방송을 한 달 동안 10번 정도 하니까 10%, 이거 엄청난 거다. 사람들이 드라마 이런 거 20%라고 하면 우습게 보는데 10%면 시청자가 500만 명이고 20%면 1,000만 명이다.

박 _ 지상파 위기론은 벌써 5년 전부터 있었다. 광고수익도 반 토막 났다. 그리고 신문보도를 보면 종편도 몇천억 적자라는데 앞으로 어떻게 버티나.

강 _ 버티기 힘들다. 작년에 TV조선, 채널A가 600억 원씩 적자가 났고, JTBC는 1,300억 원 적자, MBN은 500억 원 적자다. 방송 출범 때, JTBC는 5,000억 원, TV조선이나 채널A는 3,000억 원대 자본으로 시작했다. 이런 식으로 적자가 계속되면 5년 안에 망한다.

박 _ 5, 6년 안에 어떤 정상적인 광고수입을 얻겠다는 목표가 있나?

강 _ 그래도 자본은 제로가 된다. 적자가 안 나도 자본잠식이 되는데. 지금 아무것도 안 해도 그렇다. JTBC 정도로 하면 정상적으론 5년도 못 버틴다.

박 _ 종편 처음 생길 때부터 우리나라 광고 시장이 포화상태이고 흑자를 낼 방법이 없다는 주장이 있었다. 그런데도 왜 만들었을까?

강 _ 그냥 가만히 있으면 망할 거 같으니까. 청명에 죽으나 한식에 죽으나. 종이신문 입장에선 뭐든지 할 수밖에 없는 입장이었다. 이대로 가면 결국 자본이 있는 곳에서 흡수하게 돼 있다.

박 _ 살만한 곳은 CJ밖에 없다고 한다. 종편들 중 두 개가 합치고, 하나는 없어지고 하나가 어디론가 흡수되어 결국 2개 정도로 재편되지 않을까 라는 전망도 있었다.

강 _ CJ가 사실 제일 살 가능성이 많았는데, 이번 사건 때문에 이 정권 내에선 하기가 힘들 것 같다.

박 _ 종편끼리 이합집산, 연합은 가능하려나?

강 _ 둘 다 돈 없는데, 연합한다고 수가 생기겠나. 지금 인건비가 제일 많이 들어간다. 두 개가 합쳐서 과감하게 잘라낼 수 있으면 모르는데, 지금 방송 인력풀 구조상 자르기가 쉽지 않을 거다.

박 _ 인간적인 거 빼고 산술적인 거로만 계산하면 사실 확 자르고 둘이 합쳐서 두 인력으로 하는 게 더 낫지 않나. 그게 구조조정인데, 하지 않을까. 노조의 반대 때문에 못 할까?

강 _ 완전히 망할 지경이 돼야 하지 않을까. 그 이야긴 아무도 입에 담지 않는다. 너무 암담한 미래라서.

방송과 정치

박 _ 정치 못 해도 아쉬워할 것 없겠다.

강 _ 아직은 아니다.

박 _ 아직은 아쉽나?

강 _ 아주 가끔은 아쉬울 게 없겠단 느낌도 든다. 이렇게 갈 거면 국회의원 굳이 2, 3번 할 필요 없겠다는 생각도 가끔 한다.

박 _ 그러니까 정치하려고 목매진 않아도 되겠다, 그런 느낌인가.

강 _ 그렇지. 그럴 필요까지는 없다.

박 _ 그런 심정이면 더 잘 될 것 같다. 원래 안달복달하면 더 안 되는데.

강 _ 그런 생각도 초월했다. 왜냐하면 시사에 대해서 내 생각을 충분히 얘기해서 사람들을 변화시킬 수 있기 때문이다. 지금 〈썰전〉 본방송이 2.5% 정도 나오는데 재방송을 8번 하니까 다 합치면 엄청난 시청률이 나오는 거다. 대충 천만 명 정도 되는 사람들에게 내 이야길 할 수 있다. 이거면 됐다.

박 _ 원래 정치에서 하려던 어떤 목표를 다 이루고 있다?

강 _ 그렇다. 변화시키겠다, 그런 거였는데 변화가 이야기되고 있으니까.

박 _ 실질적 정치권력만 없을 뿐이지.

강 _ 국회의원도 그 권력 가져봤자 지금처럼 할 수도 없다. 대통령이나 되면 몰라도.

박 _ 정치 못하고 방송만 한다면 어떨 것 같나.

강 _ 행복하진 않을 거 같다. 지금 내가 방송 안 하고 변호사만 계속하는 것도 행복할 거 같진 않다. 마찬가지다.

———

2장

시사평론가 강용석

> 국가 안보에 관련된 일에 보수논객들이 얼마나 민감한지 모르는 바 아니다. 하지만 어떤 사안을 바라보는 시선이 조금 다르다고 변절자로 몰아가는 건 섣부른 판단이 아닌가 생각한다.

이승만은 토지개혁으로 체제를 지켰다

박 _ 한국에서 대통령이 되려면 그냥 되는 것이 아닌 것 같다. 역대 대통령들이 나름 다 힘들게 되지 않았나. 이승만은 임시정부에서 왔고 박정희, 전두환, 노태우는 목숨 걸고 쿠데타 했다. 김영삼, 김대중도 목숨 걸고 정치한 건 마찬가지이고. 노무현도 단일화에 승부를 걸었고. 그러고 보니 이명박이 좀 편하게 된 것 같다. 물론 박근혜와 엄청난 내부경쟁은 있었지만. 역대 정권에 대해 간략한 평가를 듣고 싶다.

강 _ 이승만은 기둥에 지붕까지 얹어서 얼기설기 나라를 만들었다.

박 _ 밥솥부터 시작해서 이런 식의 비유는 너무 식상하다. 그러니까 이승만은 국부의 역할을 했다?

강 _ 그렇다고 할 수 있는데, 이승만의 국부로서의 역할은 토지개혁 때문에 가능한 것이었다. 토지개혁 때문에 6·25를 겪고도 민중 항쟁이 일어나지 않았다. 거기서 북한의 예상이 빗나갔다. 남한 국민이 자기 땅을 갖게 되니까 항쟁을 할 이유가 없었다. 그런 몇 가지 점에 있어서 이승만은 인정해 줄 만하다. 다만 너무 나이가 들어 세세하게 못 챙긴 게 한계였다.

박정희는 좀 길게 했다는 것이 문제였지만 그 시대에 가장 절실했던 경제개발을 해냈다.

박정희는 재평가가 필요하다

박 _ 다른 관점도 있다. 영국의 역사학자 스티븐 파리시언이 쓴 《암살의 역사: 카이사르에서 박정희까지》라는 책을 보면 저자는 박정희가 4년만 더 했다면 참 좋았을 것이라고 하더라.

강 _ 4년만 더 했으면?

박 _ 그럼 최초로 평화적 정권 이양을 하면서 한국이 훨씬 더 안정적이었을 것이라는 평가다. 근거는 카터와 레이건의 이양기를 박정희가 겪었으면 좋았을 것이라는 거다. 박정희가 막판에 흔들렸던 이유는 카터 때문인데, 당시 카터가 정치신인으로 신선한 이미지를 앞세워 대통령이 됐다. 그런데 대외정책이 미숙했다는 거지. 어설프게 인권 앞세우고 그러면서 박정희를 힘들게 했다는 거다. 거기서 박정희가 흔들렸다. 미군 철수 이야기 나오고 그러면서.

그래서 만약에 레이건 초기까지만 박정희가 살아 있었어도 양국의 관계는 날개를 폈을 거라는 게 파리시언의 주장이다. 일반적인 견해와는 달리 《암살의 역사》 저자는 오히려 '박정희가 조금만 더 오래 했더라면…'이라는 생각을 한 거지.

강 _ 박정희가 만으로 61세에 암살당했다. 지금 생각해보면 젊은 나이다.

박 _ 요즘 박정희 재평가 분위기가 있다. 긍정적이든 부정적이든 이전에 박정희에 대한 제대로 된 평가가 없었다는 생각이 든다. 전두환, 노태우 때는 같은 군부정권이라 평가하기가 멋쩍었을 것 같고, 김대중, 노무현 때는 평가가 중지됐다.

강 _ 그게 한 세대가 지나서 그렇다. 누가 정권에 있어서 그런 게 아니라 다음 세대가 평가하는 게 진짜인데.

박 _ 그래서 지금 박정희를 다시 평가하자는 흐름이 뜬금없는 일이 아니라 나름 자연스러운 것이라는 생각도 했다. 노무현에 대해서도 마찬가지고. 박정희를 조금 구체적으로 평가하자면 어떤가?

강 _ 경제발전이 가장 큰 업적이다. 지금이야 그 결과를 놓고 보니까 당시 박정희가 선택했던 게 잘 했냐 못 했냐를 따질 수 있다. 하지만 그 당시의 입장에서 볼때 수출주도형 경제발전으로 이끌어 나간 것은 박정희 아니고서는 추진할 수 없던 것이었다. 중화학공업, 제철, 조선, 건설, 전자, 중공업 등을 제대로 세운다는 것을 박정희 말고 누가 상상할 수 있었을까. 지금 중국이 완전히 우리나라 발전모델을 쫓아서 하고 있는 거 아닌가. 그러니까 당시에는 전혀 없던 걸 한 거다.

박 _ 박정희가 창원을 직접 도시계획 했다는 말도 있다. 박정희의 정치는 어떻게 평가해야 할까? 통치 스타일 같은 거 말이다.

강 _ 내가 보기에 박정희의 가장 큰 문제점은 정치를 싫어했다는 것이다. 본인은 개발하고 계획하고, 도면 놓고 차트 그리는 거 좋아했다. 일 과정 보고받고 그런 거 좋아하고 성취감을 즐겼던 것 같다. 건물 올라가고 뭔가 개발하고 만들어 내는 걸 좋아했던 반면, 사람과 사람

사이에서 정치하고 그런 걸 2인자에게 일임했다. 그 2인자 역할을 정치인이 아니라 정보부장에게 맡겼다. 그러니까 정치를 밀실에서 하게 만든 장본인이 박정희다. 중앙정보부를 통해서 통치를 대신한 것이 박정희의 가장 큰 문제점이었다.

박 _ 그러면 이런 결론을 낼 수 있는 건가. 박정희는 정치를 싫어했기 때문에 오히려 독재를 했다?

강 _ 그렇다. 박정희의 통치가 독재의 형태로 나타난 건 본인이 직접 정치하지 않았기 때문이다.

박 _ 그건 박정희의 잘못일까, 한계일까?

강 _ 나는 사람의 능력에는 한계가 있다고 보기 때문에 한계라고 본다.

박 _ 윤리적인 판단은 어떤가?

강 _ 글쎄, 그냥 박정희의 선택이었다고 말하고 싶다. 나는 결함이라고 보지도 않고 악하다고 보지도 않는다. 박정희의 능력은, 사람의 능력은 한계가 있다. 내가 볼 땐 100의 능력 중에 박정희는 5 정도를 정치에 쓰고 나머지는 경제개발에 쓴 것이다.

박 _ 내 질문은 자신이 방기했던 독재 정치의 폐해를 알았을까, 몰랐을까 하는 것이다.

강 _ 자신의 정치가 부패할 수도 있고 부작용도 있을 수 있고 그런 건 다 알았을 것이다. 하지만 그런 건 중요하지 않다고 본 거다. 중앙정보부에 맡기면 어떤 식으로 흘러가게 될 거라는 걸 모른 건 아니다.

박 _ 그래서 나름 2인자를 갈아치운 거겠지.

강 _ 그러니까 중앙정보부장을 계속 바꾼 거지. 2, 3년마다.

박 _ 나름 용인술이네.

강 _ 용인술이다. 그리고는 서로 견제시켰다. 정당과 정보부 견제시키고, 정보부와 보안사를 견제시켰다.

박 _ 결국 그것 때문에 죽은 거라고도 할 수 있네.

강 _ 결국 2인자한테 죽었다. 막판에 차지철의 경호실과 김재규의 중앙정보부 사이에 힘의 균형이 깨졌다. 김재규가 중정부장을 하면서 정보부 안에서는 자기가 대통령이 될 수 있을 줄 알았지. 김재규가 바보가 아닌 이상 열사 마인드로 박정희를 쐈겠나. 암살해도 자기가 접수할 수 있다고 생각했으니까 한 거다. 실제로 할 뻔도 했다.

박 _ 전두환 아니었으면…. 박정희 재평가에 대해 '필요하다', '아니다'로 최근에도 논란이 많다. 박정희 기념관 그런 것들도.

강 _ 급할 거 없다고 본다. 특히 박근혜 정권하에서는 해선 안 된다. 해봐야 용비어천가 수준으로 보일 수밖에 없다.

박 _ 박근혜가 그거 안 한다고 하니까 김대중 컨벤션센터와 비교되기도 했다. 아무도 할 말이 없는 거지.

강 _ 급할 거 하나도 없다. 가만히 있어도 그럴 분위기가 나오고 있으니 자연스럽게 가도록 해야 한다. 굳이 딸이 아버지를 재평가할 필요는 없다.

전두환, 노태우의 선방

박 _ 전두환, 노태우는 어떤가.

강 _ 하여간 그 둘은 아무 생각 없이 권력을 찬탈했던 것인데, 쿠데타를 정당화하려고 굉장히 노력했다. 그런 식으로 정권을 잡은 독재자들치고는 나쁘지 않았던 편이다. 다른 유사한 나라들의 유사한 독재자들에 비해서 상대적으로 퍼포먼스가 좋았다. 이를테면 페론을 뒤집은 아르헨티나의 군부독재 정권들이나 미얀마, 제3 세계의 군부독재 정권들과 비교해보면 괜찮은 편이었다.

박 _ 관련해서 진보 진영의 반론은, 당시는 세계 3저 호황 국면이었고 누가 했어도 그 정도는 했을 것이라는 주장이다.

강 _ 꼭 그렇게 생각할 것만은 아니다. 노무현 정권 때도 경제상황은 좋았다. 2002년부터 2008년까지 세계경기가 전반적으로 호황이었다. 전 세계 경제 성장률 평균이 4.3%였다. 그래도 우린 3~4%대 성장밖에 못 했다. 80년대 초반 전 세계 경제 성장률 평균은 2% 초반대였다. 당시 대한민국 경제는 연 10%씩 성장했다. 전두환, 노태우가 경제면에선 잘하긴 했다.

박 _ 그런 생각도 든다. 박정희, 전두환, 노태우 당시의 통제경제 시절엔 효율이 높을 수밖에 없지 않나?

강 _ 당시와 지금은 경제규모가 다르다. 한 가지 예를 들어보자. 장영자 어음 사기사건 규모가 8,800억 원이었는데, 그때 우리나라 정부 예산이 1조 9천억 원이었다. 지금은 360조다. 그런 식으로 비교하자면 당시 150조 원짜리 사기 어음사건이 났던 것이다. 그런 큰 타격에도 불구하고 나름 선방했다고 생각한다.

김영삼, 김대중, 노무현, 이명박에 대한 평가

박 _ 김영삼과 김대중을 평가해보자.

강 _ 솔직히 정치 역량은 김영삼이 역대 대통령 중에서 '넘버 1'이고 김대중이 '넘버 2'다. 그 외에 나머지 영역들에서 김영삼은 통치자로의 역량이 제일 떨어진다. 그때도 경제적 호황기였는데 치명적인 잘못을 했다. IMF가 터지지 않았나.

김대중은 김영삼보다 여러 면에서 낫다. 대통령으로서는 박정희 다음으로 잘했다고 본다. 어찌 됐든 IMF에서 2년 반 만에 탈출했다.

박 _ 2004년 한국일보 인터뷰에서 소설가 김훈이 노무현 대통령에 대해 "노 대통령의 마음은 로맨스야. 선한 마음을 담아 세상을 바꾸려고 하는 거지. 그의 낭만주의야말로 역대 누구에도 없던 아름다움이야. 뜻은 옳고 바르고 도덕적이지만, 그 올바른 길을 가기 위한 현실적 물적 토대가 없는 거야."라는 모호한 평가를 했다.

강 _ 정권을 잃은 대통령이 둘 아니냐. 김영삼과 노무현. 그러니 그 둘에 대해서는 나의 평가가 박할 수밖에 없다. 정권 재창출을 못 해 낸 정치력이 문제다. 김영삼이 더 못한 이유는 그는 정권뿐 아니라 나라를 들어먹을 뻔하지 않았나.

박 _ 김영삼은 자기 책임이 아니라던데? 어쩔 수 없었다고.

강 _ 그게 말이 되나. 대통령이 자기 책임이 아니라고 하면. 어쩔 수 없긴 왜 어쩔 수가 없나.

박 _ 이명박은?

강 _ 그럭저럭.

박 _ 특별한 잘못은 없었다고 보나?

강 _ 지금 있어 보이는 비리 혐의가 몇 개 있는데 지켜봐야지. 나머지 에선 큰 문제는 없다고 본다.

안철수, 박원순 저격수

박 _ 한때 저격수로도 이름을 날렸는데.

강 _ 박원순 아들에 대한 병역비리 의혹을 제기했었다. 2012년 2월 22일 오후 2시에 MRI 촬영을 한다는데 기사가 딱 13분 전에 났다. 물리적으로 시간 내에 도달할 수 없는 거리인지라 TV 중계로 보고 있었는데 결과가 나오자마자 같이 보던 기자들이 입장을 표명해 달라더라. 생각을 정리할 틈도 없어 "사퇴하겠다" 말하고 기자회견을 했다. 어떻게 보면 떠밀리듯 한 셈이다. 지금 생각해도 그땐 그게 최선이었다. 지금도 관심 있게 지켜보고는 있지만 직접 나설 입장은 아니다.

박 _ 안철수에 대한 생각은 어떤가.

강 _ 예전엔 안철수 라이벌 하면 박근혜, 문재인 얘기하지만, 지금은 많은 사람들이 강용석을 생각한다. 뭐 '라이벌' 보다는 '적대적 공생관계'라고 정리하자.

예전에도 난 그가 '악'이라기보다 '위선자'라고 생각했다. 지금도 위선자라는 생각은 변함이 없다. 그 사람이 무슨 엄청난 잘못을 저지른 건 아니지 않나. 악은 아니다. 나는 정치적 라이벌을 악으로 규정하는 건 바람직하지 않다고 생각한다.

내가 안철수를 비판했던 건 거짓말 관련이 대부분이었다. '이렇게 주장하는데 그건 아니지 않냐.' 그랬던 거지 '너는 죽어야 한다.' 그런 건 아니었다.

박 _ 과거 모 매체 인터뷰에서 '착한 척하는 게 싫다.'라는 말을 했다. 대부분의 사람들이 다들 착한 척하면서 살지 않나?

강 _ 안철수는 너무 심하니까.

박 _ 위선에 대한 특별한 생각이 있나? 강용석은 '위악적'이라고 평가받기도 하는데.

강 _ 정치인이기 때문에 위선이 문제 되는 거다. 보통 사람들이 위선적인 언행을 하는 이유는 그냥 착해 보이려고, 또는 자기에 대한 평가를 높이려고 그러는 것이다. 그런데 정치인의 위선은 그 피해가 국민들에게 돌아간다. 정치인은 자신의 업적, 성과, 일생 등을 통해 평가받고 국민으로부터 선택받는다.

그런데 국가를 경영하거나 큰일을 감당할 사람이 위선, 거짓말로 선택받는다면 그 피해는 국민들 전체에게 돌아간다. 그럼에도 불구하고 '거짓말쟁이라도 좋다', '거짓말을 하건 어쨌건 나는 저 사람 좋다'고 하면 오케이다. 예를 들어 김대중도 거짓말을 많이 했지만 김대중

좋아하는 사람들이 그가 거짓말했다고 해서 싫어하나? 얼마간의 흠이 있어도 그 사람의 역량이나 업적 때문에 좋아하고 존경하지 않나. 박정희도 독재라는 흠이 있지만 그래도 일 잘했다고 좋아하지 않나. 하지만 국민들이 제대로 평가할 수 있도록 그 사람의 인간성, 과거 거짓말 그런 것을 밝히는 것도 정치인의 의무라 생각한다.

박 _ 듣고 보니까 박정희는 경제발전, 김대중은 남북관계 그런 게 있는데, 안철수는 대체 뭐가 있지? 뭐가 있기에 대중들은 그 많은 의혹들에 대해 눈감아주고 좋아하는 걸까?

강 _ 그런 게 없으니까 오래가지 못할 거 같다.

박 _ 나는 이미 그의 포텐셜이 많이 줄어들었다고 생각한다.

강 _ 많은 사람들이 그런 식으로 얘기한다. 안철수라면 20~40대의 월급쟁이들의 답답함을 해소해주는, 새누리당과 민주당에 없는 무언가가 있을 것 같단다. 그런데 그게 아닌 것 같다는 평가가 늘고 있다.

박 _ 난 개인적으로 박원순이 진짜 능구렁이라고 생각한다. 안철수는 박원순에게 비하면 순진하게 보일 정도다. 왜 강용석은 박원순 저격을 멈췄나.

강 _ 지금도 생각은 같은데 멈춘 게 아니라 할 수가 없다. 그땐 국회의원이라는 지위라도 있었지만 지금은 역부족이다. 지금 마음 같아선 선거에서 싸워 이기고 싶다.

박 _ 서울시장 선거?

강 _ 그게 가장 좋은 방법이겠지.

박 _ 내 생각에 앞으로 안철수는 불쏘시개 역할로 끝나고, 야권에서는 손학규와 박원순이 협력적 경쟁 관계로 뜰 것 같다. 앞으로 강용석의 대항마는 손학규, 박원순이 될 가능성도 크다고 본다. 말 나온 김에 앞으로 민주당 대권 주자의 전망은 어떠리라 보나?

강 _ 손학규하고 문재인이 작년에 경선 붙었을 때, 민주당 대의원들은 손학규를 더 많이 찍었다. 문재인은 모바일로 이긴 거다. 모바일로 문재인을 찍어줬던 3, 4만 표, 그 일반인들의 '순간적 응집력'으로 대의원 투표결과를 뒤집었기 때문에 문재인이 본선에서 안 된 거다. 민주당 대의원들은 정치적으로 감각이 있다. 오랜 경험에서 나온 감각이다. 그 사람들은 항상 정치권에 관심을 두고 있고 늘 여론을 체크한다. 현역 국회의원 그룹 수준이다. 이 사람들이 지난해 대선 후보 경쟁과정에서 문재인으로는 박근혜를 못 이긴다 보고 손학규를 택했던 것이다. 나는 작년 민주당의 필승카드는 손학규였다고 생각한다. 후보조차 안 됐으니까 할 말은 없지만. 그런데, 그랬기 때문에 손학규에게 한 번 더 기회가 갈 수 있다. 작년에 될 수 없었던 건 손학규의 원죄 때문이다. 한나라당에서 넘어왔다는 원죄. 한나라당에서 출발해서 넘어온 것 때문에 한두 번 정도는 겪을 수밖에 없었다.

박원순은 예전부터 쭉 봐왔다. 옛날부터 이 사람의 목표는 대통령이라고 생각했다. '참여연대'란 조직을 만들고, 돈줄인 '아름다운 재단' 만들고, 인적 네트워크인 '아름다운 가게'를 만들었다. 그리고 '희망제작소'라는 씽크탱크를 탄생시키고, 더불어 소송그룹도 만들었다. 이게 실질적 창당 작업이다. 박원순을 교주로 하는 그 그룹이, 내가 볼 때 민주당 당원들 숫자보다 더 많다. 그러니 지난 서울시장 선거에서 1:1로 붙어서 이긴 거다. 그런데 서울이라면 모를까 전국적 조직은 아니다. 서울에서는 먹혔지만 전국으로는 아직 안 된다. 앞으로 4년 반 동안 전국조직을 키우는 데 전력할 거라 본다. 내년에 박원순이 서울시장에 재선된다면, 대선 후보로 나설 것이다.

2012년 대통령 선거 평가

박 _ 체계적으로 하기 위해 일단 지난 대선 평가부터 차근차근 해보자. 좀 늦은 감이 있지만 2012 대선을 한마디로 평가하자면?

강 _ '대통령의 딸'과 '대통령의 비서'가 붙었으니 딸이 이긴 것이다. 정치권에선 '측근과 인척 중에 최후의 승자는 인척이다.'라는 말도 있다.

박 _ 2012년 대선 평가 관련, 방송에서 그런 얘기를 했다. '참모는 끝까지 참모다. 대통령 되려면 참모 출신은 안 된다.' 그런 건 평소 소신인가?

강 _ 그렇다.

박 _ 지난 대선 결과를 보면 진짜 그런 것 같기도 하다.

강 _ 참모가 대중정치인 코스프레한 대표적인 케이스가 임태희다. 평생 경력이 비서실장인데 갑자기 대선후보라며 나오니 황당하더라.

박 _ 그러고 보면 문재인 같은 경우는 스스로 나섰다기보다 친노 쪽에서 밀어 세운 그런 케이스였다.

강 _ 옹립한 거다. 이해찬이 옹립한 것이다. 문재인은 영남 출신에, 부모님은 함경도 흥남 출신이다. 이해찬은 부모가 이북 출신인 영남 출신이 호남당 후보로 나오니까 된다고 본 것이다. 사실 그렇게 틀린 판단도 아니었다. 문재인은 떨어진 2등 중 역대 최고 득표를 했다.

박 _ 그런데 사람들이 그런 생각들을 하지만, 그 투표 결과가 문재인의 개인 역량과는 아무 상관 없는 거 아닌가. 양대 진영 대립의 결과일 뿐이지. 내 개인적인 생각으로는 역대 가장 약한 대선후보였다.

강 _ 개인적으론… 쌓아 놓았던 게 하나도 없었으니까.

창조경제와 대기업 사정

박 _ 박근혜 정권의 창조경제, 어디 인터뷰 보니 창조경제가 개념조차 불분명하다는 평가를 했더라. 창조경제란 보통 혁신을 강조하고, 경제민주화는 시스템적인 합리화를 말하는 것 같다. 적절한 슬로건 아닌가?

강 _ 창조경제와 경제민주화의 정확한 의미나 내용이 무엇인지 잘 모르겠다. 하지만 지금 눈에 보이는 거 하나는 확실하다. '지하경제 양성화!'

박 _ 좋은 의미로 하는 말인가?

강 _ 좋고 나쁘고를 떠나서 지금 국세청, 금융정보분석원, 검찰 모두

다 나서서 종로, 남대문, 동대문 등 현금거래 많이 하는 시장들, 무자료 거래하는 술집들, 수출업체들 중 무자료로 거래하는 업체들, 싹 털고 있다. 즉 지하경제 양성화같이 명확한 목표를 주면 기관들이 움직인다. 그런데 창조경제처럼 뜬구름 잡는 얘기라면 제목만 몇 개 적어놓고 아무도 아무것도 안 한다. 그러니까 리더십이라는 게 앞에선 뭘 띄어놨든 간에 아래에서 일할 사람들에게는 명확한 목표, 구체적으로 달성해야 할 목표, 타겟, 이런 걸 명확하게 줘야 한다. 그러면 거기에 맞춰서 움직인다. 창조경제나 경제민주화가 뭔지 아무도 모르니 제대로 안 움직이는 거다.

박 _ 그런데 요즘 5만 원권 보기가 힘들다고 한다. 지하경제를 더 지하로 밀어 넣고 있는 거 아닌가. 부작용 이야기가 많다.

강 _ 다들 바짝 엎드려서 그렇다.

박 _ 지하경제 양성화 외에 경제민주화 관련, 재벌기업들 조사하는 것도 눈에 띈다. 역외탈세 관련 조사도 하는 것 같다.

강 _ 그게 지하경제 양성화다. 그걸 누가 경제민주화라고 생각하나.

박 _ 그럼 경제민주화 관련, 최근 '부품 원가 후려치기'의 형사처벌 법

제화 추진 그런 것들도 있다. 그런 건 계속 기사화된다. 경제민주화 즉, 경제적 약자를 보호하자는 의미에 부합하는 액션들 말이다.

강 _ 대기업들은 아마 이런 생각을 하고 있을 거다. 1년만 버텨보자. 1년 후에 경제가 좀 안 좋아지면, '비용절감이 목표고 생존이 목표다.' 이런 걸로 싹 옮겨가게 되고 그러면 다시 원점으로 돌아갈 거라 믿는다. 초기에 좀 압박하면 비정규직을 정규직으로 전환하는 척 좀 하다가 회사 어려워지면 다시 원상태로 돌아가면 된다.

박 _ 평가가 시니컬하다.

강 _ 경제라는 게 다 그렇지 뭐.

박 _ 최근 버진 아일랜드처럼 역외탈세 조사 이런 부분에도 박근혜 대통령의 의지가 내포되어 있다고 보는가? 지하경제를 양성화하는 차원에서.

강 _ 지금 800조 원쯤 나가 있다고 보는 거 아닌가. 중국, 러시아 다음에 한국이라고 한다. 박근혜 정부 입장에서는 그 돈의 반만 다시 들어와도 투자가 굉장히 활성화되는 거 아닌가. 그런 식으로 접근한 것 같다.

박 _ 그렇게 실용적으로?

강 _ 그렇게 생각하고 접근하는 거다. 지하경제 양성화하라는 게 그거 아니냐. 국내에서 털어봤자 사실 털게 별로 없으니까 역외탈세를 꽉 조이는 수밖에 없지 않나. 그러니 그렇게 하지 않겠나. '갖고 들어와라, 그러면 용서하겠다.' 그런 식으로.

　DJ 때, IMF 당시 그런 게 있었다. 50억 이상을 창업투자회사에 투자하면 출처를 묻지 않겠다. 그런 조치도 있었다. 박근혜 정부도 그런 조치를 취하겠지.

박 _ 보통 대통령 취임 초기에 투자를 독려 또는 강요하는 차원에서?

강 _ 그런 싸인 나올 거다. 경제인들 불러서 만찬을 하든지. 일단 안 그러면 뺏긴다는 위협을 느낄 거 아니냐. 그런 느낌 받게 할 거다.

박 _ 지금 CJ가 표적이라고 느껴질 정도로 털리고 있다. 다른 기업들도 문제가 있을 텐데 왜 CJ만 터냐, 그런 비판 있을 수 있지 않나. 일각에선 'CJ가 내수유통 기업이라 만만하다, 현대나 삼성 털면 수출에 타격이 가서 부담이 되니까'라는 시각도 있다.

강 _ 지금 CJ 터는 거 보면 새로운 건 없다. 2009년에 드러났던 것들을 털고 있는 거다. 그때 뭐 1,700억 원인가 세금 내고 끝냈다. 그때 누가 덮었던 것인가도 문제가 될 것이다.

박 _ 결국 CJ도 정권과의 관계에 문제가 있는 거네? 이명박 때 걸렸던 것인데.

강 _ 그렇다고 볼 수 있다. 이 책 나오기 전에 이재현은 구속될 거다.

박 _ CJ가 특히 이명박 정권의 실세들과 관련이 있었다. 박영준, 곽승준 등과의 관계도 언론에 났다.

강 _ 아마도 그럴 것이다. CJ가 먼저 당할 거라는 얘기는 작년 연말부터 퍼져 있었다.

박 _ 박근혜 대통령의 의도는 있을까?

강 _ 재벌 회장과 국회의원 같은 사람들에 대한 조사는 철저히 대통령에게 보고하고 한다. 이런 말이 있다. '검찰은 정권의 시녀냐? 시녀다, 정권수호의 주구냐? 주구다.' 대통령 권한의 핵심은 징세권, 검찰권, 인사권이다. 그런데 인사권이 당근에 해당한다면 징세권과 검찰권은 채찍에 해당한다. 감사원은 공무원들 조사하는 곳이고.

박 _ 박근혜 정권이 원세훈으로부터 시작해서 이명박 정권의 4대강을 수사하고 있다. 연말쯤에 이명박 구속까지 거론하는 언론도 있다.

강 _ 검찰이 뭔가 알고 그거에 맞춰서 하는 건지, 잘 해보자고 나선 것인지 뭔지는 모르겠다. 그동안 집권 첫해에 직전 정권 안 턴 적이 없었다. 노무현도 대북송금을 특검까지 했고 당시 수많은 인사들이 조사를 받지 않았나. 이명박도 마찬가지로 직전 정권 털어서 결국 노무현이 그렇게 된 것 아니겠나. 김대중만 안 했다. IMF도 겪었는데 김영삼을 감옥에 안 보냈으니까. 김영삼은 김대중에게 부담 안 주려고 전두환, 노태우를 사면하기도 했고. 김영삼이 사면하겠다고 했는데 김대중이 오케이 했다.

박근혜 집권 초기 잘하고 있다

박 _ 지금 박근혜는 적절하게 잘하고 있는 것 같나?

강 _ 지나고 나서 보면 국민의 선택이 맞는 거다. '다른 사람이 됐다면 더 낫지 않았을까?' 하는 그런 가정이 불필요하다. 그런데 박근혜 대통령은 이제 시작이라 정확히 평가하긴 이르지만 나는 굉장히 잘할 것으로 본다. MB보다 나을 것이다. 그러나 결정적으로 중요한 건, 정권 재창출 못 하면 평가가 박해질 것이다. 그래서 신경을 좀 써야 하는데 과연 그럴 수 있을까.

박 _ 관련해서 여기저기서 내각제가 거론되고 있다.

강 _ 정권 재창출을 못 할 바에 내각책임제 하는 게 낫다. 마지막 대통령이 될 수도 있다.

박 _ 성급한 질문이겠지만 박근혜는 어떤 평가를 받을 것 같나. 또 평가를 받기 위해선 무엇이 필요할까.

강 _ '어떤 대통령'으로 남고 싶다면 타이틀을 가져야 한다. 관리 잘하는 대통령은 의미 없다. 그건 중간밖에 안 된다. 미국 대통령 50명 놓고 봐도. 그 사람을 역사 속에 떠오르게 하는 건 기억에 남는 무언가 하나가 있기 때문이다. 거기에 집중해야 한다. 박정희는 거기에 집중했던 것이다. 자기가 이 시대에서 해야 할 것, 부국강병과 먹고 사는 것 해결. '이팝에 고깃국', 김일성이 평생 꿈꿨던 것을 박정희는 자기 시대에 이뤘다. 그거면 된 거다.

박 _ 박근혜가 '통일 대통령'이 될 수 있을까? 이번 임기엔 아무래도 어려울 것 같은데?

강 _ 차차기에 내가 되면 가능하다.

박 _ 하하 그건 나중에 이야기하자.

갑을 논란, 새삼스럽다

박 _ 최근 갑을 논란 관련 강용석의 생각은?

강 _ 항상 보면, 원래 있었던 문제를 네이밍(naming)을 새로 해서 다시 거론한다고 느껴진다. 예전엔 '빽'이나 '연줄'이라고 했던 걸 갑자기 '네 트워크'라고 부르면서 좋은 의미로 쓰기도 한다. 갑을 관계? 그건 '대 기업·중소기업 상생', '동반성장' 그런 것일 수도 있다. 매번 정권 때마 다 있었던 문제고 사회에 늘 있는 문제다.

박 _ 이번에 새로운 건, '라면 상무 사건', '빵 회장 사건'처럼 진상 짓 과 겹쳤다는 것이다.

강 _ 언론에서 어떤 식으로 관심을 갖느냐에 따라 다르다. 증권가에 서도 똑같은 이야기를 매번 새롭게 포장한다.

박 _ 나는 윤창중 사건의 본질도 '진상 짓'이라고 생각한다. 남양유업 사건도 그렇고.

강 _ 남양유업 건은 묘하게 대기업 직원과 영업점 사장, 이런 관계라서 사실은 누가 갑이라 보기에 좀 애매하다. 대기업 임원이, 하다못해 남양유업의 부장 같은 사람이 대리점 점주한테 그랬다면 완전 갑을 관계 문제인데, 영업사원이나 대리점주나 둘 다 을이니까.

박 _ 한국이 외국과 비교해서 진상이 많은 것 같지 않나? 식당에 가면 유독 손님이 왕 행세하거나, 택시 타도 손님들 중에서 진상들이 많고, 50대 아저씨들 목소리 크고 그런 거. 남들 위에 군림하며 자신의 정체성 세우려는 그런 기질.

강 _ 난 살면서 진상을 그리 많이 겪어보진 않았던 것 같다. 라면 상무, 그 사람 보니까 3월에 임원 되고 한 달도 안 돼서 사고를 친 건데, 너무 오랫동안 성공을 위해 긴장하다가 출세하고 탁 풀어진 거다. 내가 이 자리까지 어떻게 올라왔는데 니가 나한테 이렇게 대해서 되겠어? 그런 자세인데….

박 _ 왜 사람들이 그렇게 진상이 될까? 책을 안 읽어서?

강 _ 아니, 누구나 그럴 수 있다.

박 _ 사람들이 조금만 권력이 있어도 '권력질'을 하는데… 강용석도 정치를 했으니 그런 부분을 많이 겪었을 것 같다. 윤창중 사건도 사실 특권의식에서 비롯된 거 아닌가. 나는 우리나라에 유독 진상이 많다는 생각도 해봤다.

강 _ 어느 정도는 인간 본성 관련 문제다. 모든 나라 사람이 다 그렇다. 어떤 지위에 올라가면 그 지위에 상응하는 어떤 특권이 주어지는데 그런 걸 너무 누리려고 하면 문제가 생긴다.

박 _ 일종의 보상심리 같은 것일까?

강 _ 나도 그런 분석을 많이 당했다. 전에 연세대 황상민 교수가 날 가리켜 '벼락출세해서 그걸 풀려고 하다 보니 그렇게 됐다'고 했거든. 나 참, 기가 막혀 가지고.(웃음)

박 _ 요즘 다시 논란이 되고 있는 군 가산점에 대해서 어떻게 생각하나.

강 _ 군대 다녀온 이들에 대해 어떤 식으로든 뭔가 해줘야 하는 거 아닌가 하는 그런 생각을 한다.

박 _ 위헌 판결까지 받았던 문제다. 여자들의 반발도 무시 못 한다.

강 _ 군 가산점 자체가 위헌이 됐으니까 그렇긴 한데 꼭 그런 방식이 아니더라도 군대 다녀온 사람들에 대해서 뭔가 혜택을 줘야 할 필요는 있다.

박 _ 그게 차별을 낳으니까 문제다.

강 _ 그런데 군대를 일방적으로 남자만 가라고 하는 것 자체로 역차별 소지는 있다. 예전에는 여성들의 사회 참여가 훨씬 적었으니까 지금과 사정이 좀 다르지 않나. 남녀가 같이 경쟁하는 시대고 사실 군대 때문에 남자들이 여자들에 비해 사회진출이 늦다. 뭔가 조정의 필요성이 있다.

박 _ 군대 안 가는 여자들에게 국방세를 걷자는 대안도 들었다. 이론적으로는 가장 불만이 없는 안이 아닐까. 남자들도 가고 싶어서 가는 것도 아니고 의무다. 여자들에게도 그런 의무를 지우면 되지 않을까. 대체복무 같은 거지.

강 _ 해결책을 찾기 어려운 문제다. 좀 더 고민을 해봐야 겠다.

평등교육인가 차등교육인가

박 _ 왕따 문제에 대한 근본적인 해결책은?

강 _ 근본적인 해결책이 어딨겠나.

박 _ 교육과 선도를 강화하느냐, 처벌을 강화하느냐, 입장은 있겠지.

강 _ 학교 다니는 사춘기 청소년들의 문제들에 섣불리 손을 대는 게 좋은 결과를 가져올지 솔직히 장담하기 어렵다. 어떤 현상이 드러나는 순간, 즉각적으로 어떤 대처가 나와야만 한다고 생각하는 게 더 안 좋은 결과를 낳을 수 있다. 그래서 좀 더 생각을 해봐야 한다. 하여간 섣부른 대책은 금물이다.

박 _ 어려운 문제다?

강 _ 어려운 문제고 어디에나 다 있는 문제다. 모든 국가, 모든 생물에게 다 있다. 공교육이라는 형태로 그 나이 또래 애들을 같은 자리에 모아 놓고 교육을 시키는 순간 그런 문제가 안 생길 수가 없다. 그게 없는 나라가 어디 있나. 그리고 전 세계 어딜 가나 공교육은 다 무너졌다고들 한다. 미국은 너무 심각하고 일본도 마찬가지다. 공교육은 무너질 수밖에 없다. 그 나이 또래 애들 모두 학교에 다 모아놓고 하는데 어떻게 안 무너지는가.

왜 공교육이 전 국민의 교육을 책임져야 하는지 모르겠다. 공교육 역사 자체가 그리 오래되지 않았다. 독일의 비스마르크 당시인 1870년 이후다. 그 이전엔 한 학교에 동일한 나이 대 애들을 모아 놓고 동시 교육 그런 거 있었나?

박 _ 김나지움이 비스마르크 이후인가?

강 _ 이후다. 산업화에 대응하기 위해서 지금과 같은 형태 즉 아이들을 아침 일찍 부르고 적당한 시간에 모두 하교시키는 이런 형태가 생겼다. 사실 공교육의 최종 목표는 출근과 퇴근 교육이다. 왜냐하면 공장에서 그렇게 해야 하니까. 그렇게 출퇴근시키고, 시간 보내게 하는 걸 제일 큰 목적으로 하는 게 공교육인데, 거기서 어떻게 전인교육을 시킬 수 있겠나.

박 _ 그런데 꼭 그렇게만 보기는 힘든 게, 실제로 공교육을 산업화에 맞춰 연계를 시킨 건 비스마르크의 독일 그 전후 유럽의 일이지만, 프랑스 같은 경우는 프랑스 혁명 전후해서 이미 공교육에 관련된 그런 논의들이 많이 있었다. 공교육이라 하더라도 어떤 목표를 가지고 하느냐도 문제고 조금씩 다르지 않을까. 출퇴근 개념은 산업사회에서 완전히 탈피하기 힘든 것이고.

강 _ 루소나 로크 같은 사람들이 계몽주의에 기반을 두고 교육을 시켜야 한다는 논의를 많이 했었는데, 그게 실제로 이루어진 것은 '에꼴 드…'로 시작하는 학교들에서다. 본질적으로 엘리트 교육이다. 취학연령이 된 모든 아이들을 데려다가 의무교육을 시키는 그 제도가 150년밖에 안 됐다. 내가 말하는 것은 의무교육이자 공교육을 말하는 것이다.

박 _ 처음에는 의무도 아니었을 것 아니냐.

강 _ 그렇다. 우리나라는 1945년 이후 시작됐다. 애들 소학교 안 보냈던 사람들도 많았다.

박 _ 그런 견해는 평준화 교육이 비효율적이라는 우파적 사고에서 비롯된 것은 아닌가.

강 _ 교육은 어느 정도 차별화할 수밖에 없다. 어떤 논의하고 연관이 되냐면, 결국 '사람은 평등한가'라는 문제와 관련 있다. 공개적으로 말하기가 참 어려운 문제다. 왕따나 이지메를 해결해내라 그러면 그걸 어떻게 하겠나. 결국 강력한 처벌을 하겠냐는 건데.

박 _ 나는 '조혼'이 하나의 해결책이라고 생각한다.

강 _ 〈월간중앙〉 김갑수와 인터뷰할 때 내가 그 얘기를 어떻게 돌려서 했냐면, "남미나 서남아시아, 인도에는 사춘기라는 개념 자체가 없다. 13~14살에 다 결혼해버리니 사춘기가 생길 여지가 없다." 이렇게 말했었다.

박 _ 우리나라는 서른 살 넘어서도 부모에게 용돈 받아 쓰는 등 문제가 많다.

강 _ 다른 여러 가지 문제를 고려하지 않는다면 사춘기에 결혼시키는 게 여러 면에서 좋다. 저출산 문제는 바로 해결된다. 그 나이 때 결혼하고 싶은 애들은 결혼하고 애들 낳게 하고 그때 공부하고 싶은 사람은 공부하면 자연스럽게 경쟁도 줄어든다. 독일에서는 김나지움과 직업학교로 구분해서 보낸다. 독일이나 프랑스는 대학 진학률이 20%밖에 안 된다. 그래서 추첨으로 대학을 선택하게 해도 된다. 그리고 프랑스는 상위 1, 2% 정도는 따로 엘리트 학교를 보낸다. 지금 프랑스와 독일은 '차별 교육'을 하고 있는 것이다.

박 _ 의무교육이 필요한가 필요 없는가로 의견이 갈리는 것 같다. 결국 좌·우파 문제인가? 현실적으로 얼마든지 기술적인 운영이 가능할 것 같은데.

강 _ 지금 중학교까지 의무교육이다. 왕따나 이지메 문제가 생기면 예전에는 퇴학시켰다. 그런데 지금은 퇴학이 안 된다. 그래서 강제전학 시키는데 그러면 개네들끼리 또 모인다. 그럼 그 학교 엉망 된다. 퇴학을 시킬 수 있다면 그 아이는 자기가 알아서 자기 인생 결정하는데, 학교에 계속 남게 하니까 문제가 되는 것이다.

박 _ 그래서 곽노현의 진보교육 정책에 대한 비판도 많았다. 의무교육 자체의 문제점이 보인다. 또 일찍 결혼하면 자연스럽게 직업 분화도 되겠지. 난 이 문제가 좌·우파 문제가 아닌 것 같다. 다윈이 뭐 우파였던 것도 아니고.

강 _ 공부를 많이 시켜야 잘 사는 것도, 행복한 것도 아니다. 혈기왕성할 때 다른 곳에 힘쓰는 애들도 있을 것이고 공부해서 진학할 애들도 있을 것이다.

박 _ 맞다. 여자한테 잘 보이려고 옷 잘 입다가 패션 디자이너 될 수도 있는 거고.

강 _ 사실 미국이 주요 선진국 중에서 인구구성이 제일 젊은데 그 이유가 다른 게 아니고 흑인들과 히스패닉들이 애를 워낙 일찍 많이 낳아서 그렇다. 보통 히스패닉 애들은 7, 8명 아이를 낳으니까.

박 _ 그러고 보니 좌파성향 국가들이 노령화가 빨리 진행된다. 그런데 일본은 우파성향인데 왜 그러지? 일본은 워낙 장수국가라서 그런가? 일본도 연애 안 하는 히키코모리들이 많다.

강 _ 일본은 소자화 대책(저출산 대책)이라 하는데, 국가에서 픽업아티스트 교육을 시키자, 그런 말도 나오더라. 남자들이 너무 초식화 되어 있으니까.

박 _ 실제로 국가 주최 소개팅도 하더라.

강 _ 일본은 그것밖에 방법이 없다고 그러더라. 국가에서 데이트 비용까지 대준다고 하니까. 우리는 외국인들 때문에 그 문제를 많이 해결하고 있다. 현재 상주 외국인 인구가 150만 명 정도 된다. 5년 만에 50만 명이 늘었다. 그러니까, 자퇴하고 일찍 결혼시키고 그런 걸 못하게 하는 대신에 외국인을 불러들인 것이다. 미국이 그런 식인데, 그래서 인구정체가 좀 풀렸다. 인구 숫자가 좀 늘고 있다.

박 _ 집값 폭락도 막을 수 있고.

강 _ 여러 가지 문제가 해결된다. 통일에 대비해서도.

나꼼수와 김어준의 본질

박 _ 지난 대선까지 대한민국 정치 시사문제를 '나꼼수'가 주도했다고 해도 과언이 아니다. 지금 생각해보면 평가할 부분이 많은 것 같다. 김어준에 대한 평가는 어떤가.

강 _ 내가 블로그에 〈닥치고 정치〉 독후감 쓸 때만 해도 대단하다고 생각했다. 99년에 '엽기'라는 말이 유행했던 것처럼 한동안 '꼼수', '씨바', '닥치고 뭐' 등 몇 가지 유행어가 떠돌았다. 딴지일보 김어준의 그런 조어능력은 탁월했던 것 같다. 그런데 지금 생각하면 김어준은 인터넷 서핑을 잘하고 그걸 잘 정리했던 수준이지 '무학의 통찰' 그런 건 아닌 듯하다. '괜찮은 글들을 검색 잘하고 다니는구나.' 그런 생각을 한다. 나는 내가 말하는 게 나 스스로 생각한 거지 어디서 읽은

게 아니다. 김어준을 보면 어디서 읽은 것 같다. 그렇게 따지면 과연 김어준에게 그런 통찰력이 있는가 하는 의문이 있다. 물론 조어능력, 웹서핑능력은 탁월하다.

박 _ 나꼼수의 가장 큰 문제점은 무엇이었을까.

강 _ 역시 팩트가 문제다. 나꼼수는 도를 넘을 때가 많았다. 이런 말이 있다. '음모론이 좋은 건 빈 구멍을 다 메워주기 때문이다.' 즉 사람들이 가지고 있는 의문의 여지를 메워주니까 음모론이 인기가 있는 것이다. 반면 팩트에 근거해서 이야기하면 구멍이 많이 생긴다. 하지만 그걸 굳이 안 메우려고 하는 게 팩트에 근거하는 겸손한 자세다. 나도 막 지르기 시작하면 얼마든지 시선을 끌 수 있다. 한도 끝도 없는 거다. 그렇게 되는 순간 딱 나꼼수 되는 거다.

《닥치고 정치》를 보면 삼성과 관련된 이야기는 참여연대에서 조사했던 것과 김용철의 《삼성을 생각한다》의 내용을 꼼꼼히 읽어서 잘 요약한 것이다. 그리고 BBK 부분은 주진우 기자에게 열심히 들은 모양이더라. 하지만 BBK에 대해선 최근 나온 《BBK 취재파일》을 보면 잘 정리되어 있다. 기자 두 명이 쓴 책인데 꽤 치밀하고 객관적이다. 그러니까 이거 빼고 저거 빼고 나면 김어준 본인이 직접 했다고 할만한 건 별로 없다. 이 양반이 잘 정리하고 요약하는 능력은 있는 것 같긴 한데 본인이 과연 통찰력을 가지고 했느냐? 그건 잘 모르겠더라.

박 _ 나꼼수가 여러 가지 논란은 있었지만 그래도 어떤 의의는 있지 않았을까?

강 _ '사상의 자유시장'과 관련 있다. 케이블TV의 스포츠 방송 보면 '편파 야구 중계'라는 것이 있다. 그것과 비슷한 것 같다. 사람들이 듣고 싶어 하는 것을 들려줬다. 지지층들에게 재미와 카타르시스를 안겨주는, 일종의 옛날 봉산탈춤 같은 역할을 한 것이다. 하여간 정치나 시사를 이렇게 편파적이고 재밌게도 풀 수 있구나, 그런 평가를 할 수 있다. 그런 시장과 그런 수요가 있다는 것을 확실히 각인시켜 준 것인데, 그래서 지금 종편에서 많이 좇아 하는 것이다. 미디어에서 〈썰전〉을 '나꼼수의 종편판'이라고도 했다.

박 _ 정봉주도 〈썰전〉을 두고 '〈나꼼수〉의 아류 아니냐'라고 했더라.

강 _ 〈썰전〉과 〈나꼼수〉의 가장 큰 차이는, 나꼼수는 자기편끼리 모여서 하는 거고, 〈썰전〉은 어찌 됐건 간에 균형을 맞추려고 하는 것이다.

박 _ 정봉주가 그 부분을 지적 못 한 거다. 단지 정봉주는 자신이 선구자다라는 메시지를 전하려고 했던 것 같다. 정봉주가 미디어에 자주 나오려고 하는 것 같던데 별 반향이 없다.

강 _ 정봉주, 초조할 거다. 정봉주가 지금 지지부진해진 것은 결정적으로 〈쾌도난마〉 출연 때문인 듯하다. 그걸 본 사람들이 비호감으로 돌아선 경우가 많았다.

박 _ 맞다. 어제 인터뷰만 해도 너무 중구난방이더라. 자체 모순도 많고. 동네 아저씨가 그냥 별 생각 없이 말하는 느낌이었다.

강 _ 김용민은 조금 함량이 떨어지는 것 같고, 주진우나 김어준이 적절하게 해줘서 정봉주가 빛이 났는데 정봉주 혼자는 아무것도 아니다. 나꼼수는 2011년 문화현상 중에서 가장 컸던 것은 맞지만 무슨 역사적 의의가 있을 정도는 아니다. 다만 정치적으로 폐족됐던 친노를 되살려 놓았던 것이 나꼼수였다.

박 _ 문재인을 매개로 해서.

강 _ 문재인뿐만 아니라, 이명박 평가 이런 것들 하면서 폐족 됐던 친노를 되살려 놓은 것이다. 당시 민주당은 아무것도 안 하고 있었다. 그런 면에서 나꼼수 본인들은 열매를 따 먹지 못했다. 그 정도로 국민들 한 천만 명을 움직였는데. 그러니까 본인들도 큰 계획 없이 시작해서 판을 어떻게 짜나가야 할지를 모르다 보니까 그렇게 된 것이다.

트위터는 과대평가되었다

박 _ 요즘, 아니 전부터 트위터 정치가 꽤 유행했다. 인기 관리하는 정치인들은 SNS 소통 얘기하면서 대부분 트위터를 한다. 강용석 본인도 한때 트위터 하지 않았나. 그런데 맨유 퍼거슨 감독이 '트위터는 인생의 낭비'란 말을 했다. 트위터에 대한 생각은 어떤가. 왜 요즘 트위터 안 하나.

강 _ 난 시간도 없고, 아쉬움도 없다. 트위터? 앞으로 3년 더 못 갈 거같은데.

박 _ 어우, 그런 생각, 나랑 통한다.

강 _ 3년 안에 트위터란 회사가 망할 거 같다.

박 _ 회사가 망하는 것까지는 아니더라도 더 이상 성장은 어려울 것같다.

강 _ 누가 인수하고 그런 식으로 할 수 있을지는 몰라도, 하여튼 영향력은 한창때에 비하면 10분의 1 정도?

박 _ 정점을 친 것 같다는 느낌이 든다.

강 _ 이제 정치적 의미는 전혀 없다.

박 _ 난 트위터가 여러모로 해로운 것 같다.

강 _ 좌(左)위터잖나.

박 _ 하하하, 아무튼 너무 가볍다.

강 _ 사실은 트위터를 통한 선동도 기자들이 트위터를 보고 그걸 기사화해주니까 되는 거지, 기자들이 그걸 안 실어주면 아무도 안 보는데 뭐.

박 _ 맞다. 그 자체로 미디어라고 볼 수도 없다. 내가 해악이라고 생각했던 건 트위터에 몇 마디 올리곤 국회의원이 되는 사람도 있는 걸 보고서였다. 포퓰리즘도 정도가 있지, 살다 살다 별걸 다 본다 싶었다. 하지만 몇몇 논객들은 여전히 트위터를 열심히 하고 있다.

강 _ 트위터라는 매체 및 수단이 영향력이 떨어지기 때문에 사람들도 지금보다 더 떨어져 나갈 것이다. 사실 보면 SNS란 말 자체도 좀 지겨

워졌다. SNS라는 게 결국 트위터와 페이스북인데, 이게 한때 유행에 불과한 것이다. 뭔가를 평가할 때 자기하고 가까운 걸 크게 생각하는 경향이 있다. 한때는 인터넷이 세상을 완전히 다 바꿀 거라 생각했는데, 지금 인터넷은 그냥 텔레비전이나 라디오 같은 매체로 여겨진다. 오히려 조금 더 지나면 라디오가 인류에게 줬던 충격보다 인터넷이 인류에게 준 충격이 더 작다는 평가도 나올 수 있으리라 생각한다.

라디오가 미국에서 1918~1919년경에 나왔다. 1920년대 중·후반에 제일 많이 올랐던 게 라디오 주식이었다. 그 주식들이 고꾸라지면서 대공황이 시작됐다. TV도 마찬가지다. 생각해보자. 인터넷의 등장이 텔레비전이나 라디오가 줬던 충격보다 큰가? 속보성이 특별히 더 있나? 다만 대중적으로 더 참여하기 쉬워졌다는 것인데, 세탁기와 비교해봐라. 세탁기, 피임약이 여성을 해방시킨 것으로 평가하기도 한다. 인터넷이 과연 세탁기가 인류한테 준 영향력보다 더 큰 영향을 미쳤을까?

박 _ 그건 장하준의 질문인데.

강 _ 장하준의 질문이다.

박 _ 길게 보면 난 충분히 일리가 있다고 생각한다. 장하준이 그 말을 했을 때 많은 학자들이 말이 되는 소리냐, 어떻게 세탁기를 인터넷에 비교하느냐, 그런 비판을 많이 했다.

강 _ 지금 가전제품이 없다고 생각해 봐라. 지금 사람들이 가전제품으로 얻는 이득이 고대 그리스 시대로 따지면 노예 30명 정도의 가치다. 현대 문명이 인류에게 준 것은 어마어마한 것이다. 지금 세탁기와 세제가 하는 일을 사람이 직접 하려면 열 명이 붙어야 한다. 뭐 옛날에는 옷도 잘 빨아 입지 않았지만. 말하자면, 인터넷 전체의 영향력이 별거 아닐 수 있다는 것이다. 트위터는 아무것도 아니다.

브레히트의 〈쓰촨의 선인〉이란 연극이 있다. 내용은 간단하다. 중국 쓰촨에서 젊은 여자가 돈을 많이 벌었다. 그 여자가 착해서 가난한 사람들을 자기 집으로 불러다 먹여줬다. 그런데 쓰촨에 있는 모든 가난한 사람들이 찾아와서 그 여자는 망하고 만다. 아무리 부자가 되어도 가난한 사람들을 먹여 살릴 수가 없었다. 인터넷 게시판도 초기 몇 건은 어떤 역할을 할 수 있다. 그것이 영향력을 가지게 된다. 그런데 모든 사람이 다 올리면 의미가 없어진다. 지금 인터넷이 그렇지 않나.

박 _ 사실 관건은 정보에 대한 변별력이다. 그래도 어차피 현대 민주주의 정치는 여론전이잖나.

강 _ 예전에 댓글 여론도 신경 썼지만, 지금은 댓글들 다 알바 풀어서 한다. 그렇게 되어버리니 아무 의미가 없어졌다. 이런 변화가 있다. 전에는 여론 홍보팀이 여론을 어떻게 만진다고 하면, 홍보팀장이나 홍보팀이 주요 언론들 기사를 조간이나 가판에서 빼고, 평소에 밥 사고 술 사고 해서 관리하고, 누가 하고 싶은 얘기 있으면 키워주고 아니면 작게 하고 그랬다. 이제는 그런 식의 여론 관리가 아니라 어떻게 대응하느냐가 문제가 됐다. 어떻게 불쌍하게 보일 거며 등등. 새로운 여론 대응방식이 생기고 있는 듯하다.

언제나 여론은 중요하다. 그 대응하는 방식이 이제 직접 대면 방식이 아니라 순간순간 확 바뀌기 때문에 어떻게 순발력 있게 잘 대응하느냐가 중요하다. 기자회견 할 필요가 없어지고 있다. 블로그에 글 쓰면 기자회견 효과가 있다. 기자들이 알아서 와서 보니까.

NLL, 국정원 논란을 멈춰라

박 _ 〈썰전〉에서 '노무현은 NLL을 포기하지 않았다'는 발언이 크게 논란이 됐다. 그다음 방송에서도 입장이 달라지지 않으니 팬카페는 아예 강용석에 대한 지지를 철회하더라.

강 _ 합참에서 2년 넘게 근무하면서 NLL, SCM, MCM, 을지포커스, 벙커 등을 다루는 게 주된 일이었다. 나는 합참에 있으면서 NLL은 휴전선과 똑같은 국경이라고 생각하고 있었다. 휴전선을 바다에 그어

둔 게 NLL이라고 생각하고 있었기 때문에 그걸 타협의 대상이라거나 그렇게 보지 않는다.

〈썰전〉 방송은 목요일이지만 녹화는 월요일이다. 그 사이에 국정원과 국방부가 'NLL 포기가 맞다.'라며 입장을 표명하더라. 발표 내용을 보니 공개된 전문보다 뭔가 숨겨진 게 더 있을 거라는 생각도 든다.

박 _ 국회에서 국가기록원이 보유한 원문을 열람하기로 했다는데.

강 _ 〈썰전〉에서 '발췌록엔 저, 위원장님이라고 되어 있는데 전문에는 나, 위원장으로 되어 있어 뭐가 맞는지 확인해 봐야 할 것 같다.'라고 했더니 이철희가 '무슨 말이냐 당연히 전문이 맞지.'라더라. 그런데 내 생각엔 '저, 위원장님'이라 했을 것 같다.

박 _ 변희재는 트위터에서 '호구'라 말하고 성재기는 '시발놈'이라고 까지 했다. 심지어 일각에서는 강용석이 종북좌파의 프락치라더라.

강 _ 이해할 수 있다. 국가 안보에 관련된 일에 보수논객들이 얼마나 민감한지 모르는 바 아니다. 하지만 어떤 사안을 바라보는 시선이 조금 다르다고 변절자로 몰아가는 건 섣부른 판단이 아닌가 생각한다. 강용석 성향이 어딜 가겠나.(웃음) 성재기와는 전화로 오해를 풀었다. 조만간 변희재와도 자리를 마련할 계획이다.

논란 이후 〈썰전〉 20회 기념으로 안철수와 통화를 하니 안철수 신당으로 가는 거 아니냐는 말이 나오고 '박원순 저격도 서로 짜고 친고스톱'이란 말까지 나오더라. 여기서 더 나간 사람은 아나운서 발언조차도 의도된 게 아니냐 말하고.(웃음)

박 _ 국정원 대선 개입에 대해서는?

강 _ 국정원이 만일 박근혜를 당선시키려 마음먹었으면 댓글만 달았겠나.

박 _ 지금 밝혀진 거로는 댓글 3개라고 한다.

강 _ 문재인 3개, 박근혜 3개, 안철수 3개다. 이정희가 26개, 민주당이 28개. 범죄일람표를 보니 안철수 지지 댓글 3개에 국정원 직원이 추천을 누르기도 했더라.

박 _ 이렇게 보면 이정희가 가장 유력했던 대선후보가 되는 건가?

강 _ 그러니까 그런 식으로 흔들어가지고는 그냥 정치적인 레토릭은 될지 몰라도 국민들 마음은 움직일 수 없다.

박 _ 정대세 간첩 논란에 대해선 어떻게 생각하나.

강 _ 정대세가 옛날에 했던 발언이 '국가보안법 위반이냐 아니냐' 이 건데, 정대세 입장에서도 한번 가서 조사받을 필요가 있다. 왜냐하면 탈북자들도 다 가서 3개월 내지 6개월 그거 하니까.

박 _ 출입국 관리 심사 정도를 말하나?

강 _ 아니, 굉장히 수준 높게 조사해야 한다. 왜냐하면 실제로 정대세 가 그럴 수도 있으니까. 그럴 가능성이 제로라고 볼 수는 없잖나. 만 일에 정말 무슨 간첩을 보낸다고 하면 그 정도 되는 사람이 와야지 고급정보를 캐가지. 그냥 〈은밀하게 위대하게〉의 김수현처럼 해가지고 야 무슨 정보를 캐겠나. 요새 인터넷에 보면 다 있는데. 그러니까 그 런 의미에서 한 번 조사를 하면 발언에 민감하게 반응하는 사람들도 있으니까, 정리를 하는 것이 본인으로서도 나쁘지 않다.

차기 대선후보 평가, 차기 대선 전망

박 _ 지금 눈에 띄는 정치인들에 대한 간략한 코멘트 부탁한다. 김문 수도 차기 대권 주자로 거론되던데?

강 _ 대중성이 너무 약하다. 2, 30대가 기억하는 김문수는 소방관 전화 에피소드 정도?

박 _ 하하하, 홍준표는 어떤가?

강 _ 홍준표가 그나마 지금으로선 제일 눈에 띈다. 대중성과 이슈 끌고 나가는 능력에서 말이다. 대통령까지 될 수 있을까는 의문이다.

박 _ 정몽준도 늘 대선후보였다.

강 _ 어떤 계기가 없으면 되기 힘들 것 같다. MB가 몇 년을 밀어줬지만 박근혜에게 밀렸다.

박 _ 문득 과거 대통령들과는 달리 이제 그렇게 목숨 걸고 대통령 되는 그런 시대는 지난 것이 아닌가 하는 생각이 든다. 앞으로 우리 정치의 극단적인 대결구도가 개선되고 정치가 좀 안정적으로 되면 비교적 편하게 대통령을 할 수도 있지 않을까 하는 생각이다. 지금까진 국민이 함부로 대통령을 뽑아주지 않았던 것 같다. 새누리당에 특별한 인물이 없다 하더라도 나라 말아먹을 정도가 아니라면 될 수도 있지 않을까?

강 _ 글쎄, 선거 과정에서 그렇게 쉽게 될 수는 없다.

박 _ 예를 들어서 김무성도 대통령 못하라는 법 없지 않나. 야권 후보들보다 약하다고 평가하나?

강 _ 내가 봤을 때 야권에서 누가 나와도 김무성으로는 힘들 것 같다.

박 _ 정말 여당에 인물이 안 보이네.

강 _ 정몽준이냐, 오세훈이냐 지금 대충…. 홍준표, 김문수.

박 _ 홍정욱은?

강 _ 홍정욱은 아니고, 다들 좀 선명하지가 않다. 이런 느낌으로 계속 가면 2017년은 정권 넘어가는 거다.

박 _ 박근혜 대통령은 차기를 키우고 그런 스타일은 아닌 것 같은데.

강 _ 차기에 관심이 있을까. 자기 5년도 관리하기 벅찰 텐데.

박 _ 그럼, 새누리당 차기 후보로 가장 유력한 사람은 지금으로썬 홍준표인가? 이재오는 아니고?

강 _ 이재오를 대권후보로 생각해 본 적이 없다.

박 _ 그러니까 마땅한 대선후보가 없다는 말인가?

강 _ 내가 늘 이야기하는 '대통령 10년에 두 명 설'에 의하면 40년대 생은 끝났다. 이제 50년대 생 차례다.

박 _ 남경필, 원희룡은?

강 _ 거기는 60년대 생이니까 다음을 기다려야지. 지금 얘기된 사람이, 김무성, 홍준표, 김문수, 정몽준, 오세훈까지… 오세훈도 61년생이니까 다음 기회를 봐야 한다. 지금 새누리당에 후보가 없다는 것은 다들 생각하고 있을 것이다.

박 _ 지금 새누리당이 그만큼 약하다는 뜻이지? 정당 지지율은 민주당이 형편없는데도 불구하고. 그러면 기존의 정당 중심보다도 오히려 인물을 중심으로 흘러갈 것 같다는 말인가?

강 _ 우리나라에 정당 개념이 있나. 실상 새누리당만 상수고 나머지

당은 앞으로 이름이 뭐가 될지도 모른다. '민주'가 들어갈 것 같긴 하지만. 그래도 아무튼 야당은 후보가 4명으로 정리된 거 아닌가. 문재인, 안철수, 손학규, 박원순 4명 정도로 정리된 것 같은데.

박 _ 손학규, 박원순 정도로 보고 있다.

강 _ 새누리당은 후보가 약하기 때문에 다음번에 만만치 않다.

박 _ 여야 대통합을 위해서 내각제에 합의할 가능성은?

강 _ 합의할 가능성이 많다. 대선후보가 뚜렷하지 않기 때문에.

박 _ 반대할 사람이 별로 없을 것 같다. 그런데 내각제가 한국 정치 상황에 비추어 바람직한가? 나는 부정적으로 평가한다.

강 _ 평가를 유보해야 할 것 같다.

3장

정치인 강용석

> **"**
> 대통령은 예언자로서 능력이 있어야 한다.
> 예언뿐만 아니라 그걸 성취할 수 있는 비전이 있어야 한다.
> 또 조직하고 활동해서 그 비전을 실현할 수 있는 능력이
> 필요하다. 그리고 그걸 뒷감당하고 정리해서 마무리할 수
> 있는 능력, 그걸 다 갖춰야 대통령의 자격이 있다.
> **"**

한나라당(새누리당)과의 인연의 시작

박 _ 한나라당(새누리당)에서 정치를 시작하게 된 계기가 궁금하다. 정치하기 전에는 참여연대에서 활동하기도 했다.

강 _ 그런 말 많이 들었다. 부모님도 호남, 전북출신이고 출신성분도 그 모양 그 꼴이고 그런데 어떻게 한나라당이냐 그런 질문. 난 사실은 보수와 진보는 이념문제라기보다 성향 문제인 것 같다는 생각을 한다. 보수적 성향을 갖는 사람이 있고 진보적 성향을 갖는 사람이 있는데 그게 잘 안 바뀌는 거 같다. 물론 진보적 성향을 가지다가도 보수적으로 많이 바뀌기도 하지만 난 태생적으로 보수적 성향인 거다.

참여연대 하면서도 난 스스로 진보적 성향이라고 생각하지 않았다. 그런데 난 체질상 여당 적이진 않다. 그래서 내게 적합한 곳이 보수야 당인데 딱 시작할 때 한나라당이 맞았던 것이다. 새누리당과 민주당 은 그 본질이 그리 다르다고 생각하지 않는다. 김한길 민주당 대표는 원래 정치 시작할 때 국민당에서 후보로 나와 낙선했고 신한국당에 공천을 신청하기도 했다. 그 반대의 경우도 많은 걸로 알고 있다.

박 _ 민주당과 많이 부딪혀봤을 테니, 일단 민주당에 대한 생각은 어떤가?

강 _ 내가 2006년부터 2008년 1월까지 만 2년 동안 〈열린토론〉이라고 라디오 프로그램에 나갔는데, 토요일마다 2년간을 했다. 목진휴, 박상철, 이숙이랑. 그때 내가 했던 발언 중 제일 댓글이 많이 달렸던 것이 뭐냐면, '민주당은 호남출신이나 빵잡이(감옥살이 한 사람)가 아니면 주류가 될 수 없다.'라는 발언이었다. 그때 '빵잡이'라는 표현 때문에 댓글 엄청나게 많이 달렸는데 그게 사실 민주당의 한계인 것 같다.

지금 민주당 통합은 그런 기존 민주당에 대한 반발을 의미하는 거다. 사실 친노세력하고 재결합하는 건데 친노세력이란 것이 결국 영남 쪽 재야세력이잖아. 그 사람들이 볼 땐 자기들도 빵잡이들인데 호남세력들이 너무 강고하게 잡고 있으니까 가봤자 찬밥 되는 거다. 그래서 김두관 같은 사람도 열 받으니까 안 들어가고 무소속으로 나오고 이런 건데. 거기선 전국정당 어쩌고를 이야기하기 전에 당내에 호남 기득권을 깨는 게 최우선적인 문제인 것 같다. 유시민도 못 버티고 나온 것 아니냐.

박 _ 그럼 민주당은 이념이 문제가 아니다?

강 _ 우리나라 정당을 구분하는데 뭔 이념이냐? 지역이지. 민주당 호남 의원들 보면 한나라당 의원들보다 훨씬 더 보수적이고 훨씬 더 기득권층이고 그래.

박 _ 이명박 전 대통령과는 얼마나 가까운 사이인가.

강 _ 보통 먼 사람을 사돈의 팔촌이라고 하는데, 사돈의 6촌쯤 되니까…. 내 처남이 김윤옥 여사의 조카와 결혼했다. 실제로 가깝다고 얘기하고 싶어도 이 정도니까 먼 사이라고 할 수밖에 없다. 처남과 교류가 있긴 하지만 결혼하고 나서도 친인척이라고 밥 한 번 먹은 적 없다.

선명한 생각과 정책으로 의정활동을 하다

박 _ 국회의원 시절 의정활동은 만족스러웠나?

강 _ 나름대로 열심히 했다고 자부한다. 특히 청년실업 관련해서 구체적으로 활동을 많이 했다. '공기업 완전정복' 활동이 있었는데, 청년실업 문제에 도움이 좀 될까 해서 웬만한 공기업 다 돌아다니고 전국대학 삼십여 군데 다니면서 취업특강에 책까지 출판하고 그랬다. 그런데 보도가 거의 안 되고 알려지지도 않았다. 난 나름대로 1년 넘게 참 열심히 다녔는데 그게 좀 아쉽다.

박 _ 의원 활동을 하면서 새누리당과 괴리감은 없었나? 청년실업, 공기업 관련 부분도 다 예산 문제이고, 새누리당은 기본적으로 작은 정부, 감세 위주 정부인데.

강 _ 문제가 있었다. 이명박이 공기업 선진화를 추진하면서 공기업 일자리를 팍 줄였다. 공기업 전체적으로 10%씩 인력을 줄이라고 하니까 있는 사람 자를 수 없어서 신규인력을 안 뽑는 방식으로 해버렸다. 3년간 직원을 안 뽑았다. 당시 한나라당 이념과 맞지 않았지만 반대 목소리를 많이 냈다. 공기업 선진화도 좋지만 청년들 일자리를 위해서라도 많이 뽑아야 한다고 국회에서 많이 떠들고 그랬다.

하지만 그것도 전체적인 경제 상황과 맞물려있는 문제다. 청년실업 문제가 아니라 사실 전반적인 실업이 문제다. 그런데 내가 그걸 어떻게 해결하겠나. 그래도 취업준비생들이 너무 막막해하는 거 같아 블로그로 최대한 자료 제공하고 인사팀 소스 최대한 뽑아내서 알려주고 열심히 했다. 그건 자부한다.

박 _ 강용석이 생각하는 궁극적인 경제 문제의 해결책은 뭔가?

강 _ 경제성장이다.

박 _ 분배에 대한 생각은?

강 _ 분배의 제일 효율적인 방법이 결국 일자리다. 국가가 세금을 걷어서 나눠준다는 것은 비효율적으로 될 가능성이 크다. 결국은 국가가 일자리를 많이 만드는 게 훨씬 효율적인데… 음, 내가 지금 그것까지 해야 하나? 대통령 후보도 아니고. 하하하.

박 _ 종종 대통령의 꿈을 이야기하지 않았나. 다시 정치를 한다면 스스로 몇 등급 정치인이라고 자평하는가?

강 _ 내가 보기에 난 지금 대한민국 정치인 중 10명 안에 들어간다고 본다. 인지도나 수준에서나 모든 면에서.

박 _ 근거는? 절대평가인가 상대평가인가?

강 _ 어떤 식으로 평가하든 간에 정치인의 자질, 정치인으로서 경험했어야 할 여러 가지, 또는 미래에 대한 비전, 그리고 우리나라가 어떻게 변해야 하겠다는 총체적 생각 뭐 이런 것에 있어서 나는 국회의원 300명 중 나만큼 선명한 생각을 가지고 정책이나 대한민국을 바라보는 사람이 별로 없다고 생각한다.

의정활동이란 것이 말하자면 '학교 개근했냐' 그런 것을 말하는 게 아니다. 학교 열심히 다닌다고 뭔가 학문적인 업적을 이룰 수 있는 것이 아니다. 어떤 통찰력, 그 학문 분야를 뛰어넘는 생각, 그런 데서 결정이 난다. 게다가 난 위기극복능력에선 1등인 것 같다.

정치가 살아있지 못하고 대립과 대결만 남아 있다

박 _ 정치인으로서 한국의 정치개혁 과제 1호는 무엇이라고 생각하는가? 경제, 통일, 외교 등을 제외하고 오직 정치적인 과제를 말한다면 말이다.

강 _ 예전에는 정치에서 가장 큰 문제는 비용 많이 드는 정치, 그게 제일 큰 문제였다. 그 비용을 조달하기 위해서 정경유착이나 부패의 고리가 발생했기 때문이다. 하지만 지금 2000년대 들어와서 그 문제가 상당히 해소됐다. 2000년대 이후 정치를 시작한 내 입장에서도 이 정도 비용이면 다른 나라들에 비춰보더라도 선거에 들어가는 비용 자체는 적다고 할 수 있다. 미국, 일본보다 적다. 유럽보다 많다고도 할 수 없다. 우리 선거는 보험제도로 되어 있으니까. 우리는 선거에 관해서 드는 돈은 득표율 15% 넘으면 거의 다 보전해준다. 공식적으로는 드는 비용이 거의 없는 걸로 되어 있다. 그리고 후원금 받는 거 내에서 쓰면 되니까 크게 돈 안 드는 걸로 되어 있다.

지금 누구나 지역 구도가 문제라고 생각할 것이다. 새누리당은 영남, 민주당은 호남에 기댄 정치를 한다. 그걸 해소하기 위해서 선거구제나 다당제 이야기가 나오는 것이다. 노무현 전 대통령도 그 부분을 손대려 했다. 나도 지역구도의 문제점에 대해서 부인하지 않는다.

지금의 양당 제도가 과연 우리나라 국민들의 다양해진 견해를 잘 반영하는가에 대해서 의문이 있다. 특히 양당제의 전형적인 모순은 늘 발생한다. 잘 알다시피 전체적으로 봤을 땐 중도 성향의 유권자가 가장 많다. 여론조사 해보면 대체로 중도가 40%, 보수가 30%, 진보가 25% 정도다. 그럼에도 불구하고 새누리당에선 보수가 중도보다 많고 민주당에선 진보가 중도보다 많기 때문에 항상 양 극단으로 치닫는 것이고 그게 양당제의 문제점이다. 그런 문제 때문에 정치가 극단적이고 국회에서는 늘 멱살잡이하게 된다. 정치가 살아있지 못하고 대립과 대결만 남아 있다.

지금 만일 다당제가 정상적으로 이뤄진다면 지금과 같은 이념 분포에서 어느 정당도 단독집권을 할 수 없게 된다. 독일처럼 늘 연립정당이 집권하는 상황도 가능하다. 일본도 한참 우경화됐다고 하는데도 불구하고 연립정당들이 집권하고 그러지 않나. 대통령제를 선택한 나라들 중에서 성공한 나라는 미국밖에 없다. 우리나라도 대통령제를 채택한 국가 중에서 정치적 안정을 이룬 것처럼 보이기는 한다. 지금 대통령제로 계속 갈 것이냐, 아니면 내각제와 다당제를 선택해서 갈 것이냐, 이것이 문제다.

통일 시대까지는 대통령제가 바람직한 면이 있다는 생각을 한다. 북핵 위기 등 어떤 의사결정에서 효율성이 필요하기 때문이다. 하지만 통일 이후에도 대통령제를 계속 유지한다는 것이 과연 옳은지에 대해서는 더 생각해봐야 한다. 현재 우리는 인구 5천만 명이 좀 넘어서는데 북의 2천3백만 인구도 감안해야 한다.

인구뿐 아니라 이념적 성향까지도 고려해서 봐야 할 필요가 있다. 통일 독일에서 동독 공산당이 이름을 바꿔 존속하고 있다. 북한의 조선로동당도 이름을 바꿔서 존속하지 않을까? 적어도 전체 10%의 지지세는 유지하지 않을까 생각한다.

통일되면 현실적으로 양당제가 불가능할 것이다. 당연히 단일 대통령제도 힘들 것이고. 이런 것들을 생각했을 때 지금 현재 정치개혁이라고 섣불리 내세우는 것보다 오히려 지금은 통일을 위한 재원 마련, 또는 통일을 위한 국제 질서 참여, 안보 확립 이런 것들에 좀 더 주력해야 하는 것이 아닌가 싶다.

통일은 빨리 온다

박 _ 이야기 틀이 커지는데, 통일에 대한 생각이 굉장히 전향적으로 보인다. 통일이 굉장히 근접한 시기 내에 이루어진다고 보는 건가?

강 _ 그렇다.

박 _ 근거는?

강 _ 글쎄, 중국이 앞으로 시진핑 10년 동안 굉장히 큰 변화를 겪게 된다고 본다. 정치적, 경제적 측면에서 모두 큰 변화를 겪을 것이다. 지금 세계 정치학계에서 검증된 이론 중의 하나가 중위권 규모 이상을 가진 경제체제하에서는 장기적으로 자유민주주의를 지향하게 된다는 것이다. 작년에 중국이 1인당 국민 소득 6천 달러를 달성했다. 향후 5~10년 안에 1만 달러를 넘어갈 것으로 보인다. 그렇게 되면 미국 경제를 앞설 가능성이 크다. 그렇게 되면 중국 내에서 민주화 요구가 불거져 나올 것이다. 최근 들어서 그런 움직임이 많이 있었다. 그래서 앞으로 10년 안에 중국이 정치적 격동기를 겪을 가능성이 크다. 그리고 현재 시진핑은 북한에 대해서 과거와는 전혀 다른 태도를 보이고 있다. 요즘 시진핑의 움직임을 보면 거의 과거 한·중수교 당시의 등소평을 보는 것 같다. 김정은도 내부적으로 동요하는 모습도 보이지 않나.

중국은 2000년부터 2010년까지 8%(현실적으로는 10%)씩 경제성장을 했다. 지금 8%대 성장률을 지키려고 하지만 떨어지고 있다. 올해 6.8% 정도로 떨어지면 전국적으로 동요가 일어날 가능성이 크다. 중국 경제는 그간의 설비투자, 자본투자로 급속히 성장해 왔는데, 문제가 생길 것이다. 투자 자금의 급속한 이탈로 인한 경제위기를 겪을 수 있다. 지금 빈부격차로 인한 불만이 어마어마하고 동서 경제 차이도 너무 크다. 중국이 그렇게 격동을 겪으면 북한이 체제를 유지하기 만만치 않을 것이다.

박 _ 어려운 문제에 대해 뚜렷한 예상을 했는데, 북한 자체보다 중국 변수가 크다는 말인가?

강 _ 중국이 과거와 같지 않다. 사실 장쩌민이나 후진타오는 굉장히 관념적인 사람들이었다. 이 사람들은 처음에 집권하면서 무슨 5대 구호 그런 걸 각운 맞춰서 내세웠다. 어떤 '정신'을 강조하며 슬로건을 내세웠다. 등소평은 그렇게 안 했다. 실용주의, 흑묘백묘, 남순강화 등 자기가 행동으로 옮기면 사람들이 이러저러한 해석을 했을 뿐이었다. 스스로 뭔가 내세우지 않았다. 그런데 지금 시진핑이 등소평에 가까운 모습을 보이고 있다. 굉장히 실용적이다. 그의 실용성은, 지난번 미·중 정상회담 때 시진핑이 캘리포니아 '란초 미라지'에 가서 오바마를 만났던 것을 보면 잘 알 수 있다. 중국처럼 격식 잘 따지는 국가의 주석이 직접 현장에 가서, 그것도 수도가 아닌 캘리포니아의 사막 한가운데서 오바마를 만났다.

박 _ 그 장소는 양국 정상의 친밀감을 과시하기 위한 것 아니었나?

강 _ 미·중 간에 소위 신형대국관계라고 하는 것을 보여준 장소다. 그러니까 20세기 내내 미국은 제2 등 국가(독일, 일본, 소련)들과 항상 적국이었다. 그런데 중국은 지금 미국과 협력해나가겠다는 의지를 보여주고 있다. 그렇게 봤을 때, 중국은 더 이상 북한을 '순망치한'의 입술로 쓰지 않겠다는 것이다. 시진핑은 오바마 만나기 직전에 중남미 3개국을 돌아다니면서 운하 건설 등을 해 준다고 했다. 440억 달러를 들여서 니카라과 운하 건설 제안도 했다. 중국이 남미 3개국에 돈을 풀겠다는 규모를 보면 북한 입장에서는 굉장히 당혹스러울 것이다.

박 _ 결국 북한이 고립되면 어떤 활로가 필요하고 그것이 통일과 이어질 것이라는 의견인가?

강 _ 그런 활로는 항상 필요했다. 한·중수교, 한·소수교 당시에 김일성은 그 활로로 남한과 직접 대화하는 방식을 택했다. 지금 김정은도 그런 방식으로 해보려고 이번에 대화 제의를 했다가 거절을 했는데. 결국 그런 식으로 국제정세가 풀려나가다 보면 통일이 아주 빨리 올 수도 있다.

박 _ 방금 이야기 한 '통일 임박론'도 그 시기가 문제다. 중국은 지금까지 설비투자 등을 많이 해서 경제성장률이 매우 높았다. 그런데 그 성장률은 눈에 띄게 둔화하고 있고 시진핑은 위기관리 차원에서 성장률을 조금 낮추더라도 빈부격차 완화를 준비하고 있는 것으로 알고 있다. 지금 중국에선 '임금 정상화' 관련 시위도 많다. 또 중국 경제성장률 저하에 대해선 이미 오래전부터 세계적으로 논의를 해왔다. 즉 중국의 전국적이고 급격한 변화를 단기간에 기대하기 어렵다고 볼 수도 있다. 중국의 정치·경제적 위기 시점을 예측하기는 어려울 듯하다.

강 _ 시기는 아무도 모른다. 다만 그동안 북한을 계속 버티게 한 건 중국이다. 중국은 절대로 남북한 통일을 원하지 않는다. 그들이 한반도에 바라는 것은 현상유지였다. 지금까지 이것이 가장 큰 논거였는데 지금 중국의 태도변화가 너무 급격히 보인다. 중국 군부에서조차도 이야기가 나오고 있다고 한다.

박 _ 최근 북한이 '북남긴장완화'를 강조하고 그러는 것 보면 강용석의 진단에는 대체로 동의할 수밖에 없다.

강 _ 북한 입장에선 우리 아니면 일본이다. 일본과 투자 이야기도 했는데 만나보니 만만치 않았다. 중국도 만만치 않고.

내각제 개헌 논의

박 _ 우리나라의 정치 과제를 이야기할 때, 우선 '통일을 대비한 정치적 구도를 생각하고 거기에 대비한 정치적 검토가 필요하다.'라고 정리할 수 있는데 국내에서 할 수 있는 것은 무엇이 있을까.

강 _ 관련해서 지금 일부 정치인들 사이에서 개헌 논의가 불거져 나오고 있다. 지금 국회에서 '헌법개정연구회'를 만들었는데 매번 국회 때마다 만들기는 한다. 국회의원들은 재선 이상 되면 다 내각제 하고 싶어 한다. 그렇게 가야 자신도 총리 한 번 해볼 수 있으니까. 대통령제에서는 국회의원 여러 번 하는 게 대통령이 되는 것과 별로 관련이 없는데, 내각제에서는 국회의원을 여러 번 하면 할수록 총리가 될 가능성이 높아진다.

지금 개헌 논의하는 사람들을 보면 결국 내각제를 하자는 것이다. 분권형 대통령제라는 것은 사실 내각제의 다른 표현이다. 내각제를 한다고 하더라도 우리는 왕이 없으니 대통령을 안 뽑을 수는 없다. 간접적이든 어떤 식으로든…. 그럼 '이원집정부제'인데 그게 사실 내각제다. 순수한 의미의 내각제라는 것은 영국식인데 영국은 여왕이 있다. 왕이 있든 없든 어떤 식으로든지 국가원수는 필요하다. 프랑스도 사실 대통령제라고 보기 어렵다. 대통령이 조금 센 것이다. 어쨌든 미국식이나 한국식은 아니다.

박 _ 우리나라는 프랑스와 미국의 중간쯤, 즉 대통령이 총리보다 조금 더 센 내각제가 가능성이 높을 듯하다.

강 _ 그런 식을 추구할 것이다. 대통령이 6~70년 동안 있었고 이전에 왕이 쭉 있었으니 국가원수를 없앨 수는 없을 것이다. 그렇다고 한쪽 당의 당수를 국가 원수로 할 수는 없지 않나. 그래서 의원들이 항상 내각제를 염두에 뒀는데 그게 그동안 계속 안 됐던 이유는 양쪽 정당에 차기를 꿈꾸는 대통령 후보들이 항상 강했기 때문이었다. 그런데 지금은 여야 모두 대선후보가 명확하지 않다.

사실 대통령이 집권 초기에는 절대 개헌 논의 안 한다. 개헌 논의를 시작하는 순간 대통령은 레임덕에 빠진다. 내각제 개헌이 되겠다고 하면 현행 대통령 임기 보장 여부 상관없이 레임덕이다. 차기에 누가 될 건가 그것만 생각하게 된다.

박 _ 그래서 국회의장이 개헌연구회를 비공식 기구라고 일축했던 거였나.

강 _ 지금 청와대에서는 당분간, 최소 향후 2년간은 개헌논의를 원치 않을 것이다. 개헌 논의를 해서 박근혜 대통령이 얻을 것은 아무것도 없다.

정치인도 전문성을 키워야 한다

박 _ 한국의 정치문화와 관련 문제점 또는 개혁과제는 뭐라고 생각하나? 지금 대부분의 나라에서 자유민주주의를 하고 있는데 나라마다 특색이 있다. 한국 민주주의의 체제에서 도드라지는 문제는 무엇이라고 느끼나?

강 _ 방금 이야기한 부분과 연결되는데 정치인의 자질이 문제가 된다. 우리나라의 관료들은 고도로 훈련된 반면에 정치는 아무나 한다. 정치에서의 전문성을 인정 안 한다. 그러니까 정치 안 하던 사람들도 갑

자기 뛰어들어서 정치를 한다고 한다. 그게 큰 문제다.

예를 들어 미국에서는 4, 5선 하던 사람이 정치를 그만두고 나와서 로펌이나 컨설팅 회사에 간다. 가서 로비스트로 일한다. 왜냐하면 정치인들이 전문성도 있고 로비 능력도 되기 때문이다. 그런데 우리나라에선 정치인이 3선을 했건 4선을 했건, 로펌 이런 데서 고문으로 안 데려간다. 왜냐하면 그 사람들이 전문성이나 영향력이 없으니 입법로비 같은 활동을 못하기 때문이다. 대신 로펌에선 관료들을 데려간다. 국세청, 공정거래 위원회, 산자부, 기재부 등 출신 고위 관료들은 로비스트로 활동한다. 반면 미국에선 정치인들이 더 전문적이고 유용하다.

지금 문제가 되고 있는 원전비리 사건도 본질은 관료주의 문제다. 모피아도 정부부처를 완전히 장악했다. 관료들이 조직을 장악하면 문제점이 뭔지도 모르게 복잡하게 만들어둔다. 관료제의 가장 큰 문제는 비판을 허용하지 않는다는 것이다. 건전한 정치가 되려면 비판을 위한 토대인 언론의 자유가 살아 있어야 하고, 그 비판이 가능하도록 정보가 충분히 공개되어야 하고, 여야가 서로 대립하든 어쨌든 토론해서 결과를 낼 수 있어야 한다. 그런데 관료제는 자기들 안에서 모든 것을 다 처리하기 때문에 결과적으로 문제가 생겨도 안에서 덮는다.

지금 우리 정치는 정치력이나 전문성이 너무 약해서 관료제를 제어할 수 없다. 정치인들이 전문성도 없고, 전문성을 키우게 해주지도 않는다. 관료 독점주의의 폐해를 정치권에서 견제해야 하는데, 전혀 견제를 못 하고 있다.

국회가 장·차관들 1년에 100일씩 불러서 따진다 해도 보좌관들 몇 명이서 어떻게 몇 년간, 몇십 년간 쌓아 온 부처 내부 상황을 밝힐 수 있겠나. 장관들은 정치인들이 부르면 그냥 가서 '검토하겠습니다.' 또는 '챙겨 보겠습니다.' 하는 게 거의 매뉴얼이다. 전자는 '노', 후자는 '예스'를 의미한다.

물론 관료 출신 국회의원이 하면 좀 다르다. 부서 상황을 알고 있기 때문에 안 들어줄 수가 없다. 그래서 국회의원 중에서 제일 좋은 국회 의원이 장관 막 마치고 그다음에 비례대표로 들어오는 사람이다. 대표 적인 예가 김진표, 이용섭, 송민순, 김장수 등이다. 그 사람들은 국회 의원을 해도 마치 장관을 4년 더 하는 것 같은 느낌일 것이다. 그 사람 들이 장관 시절 있었던 관료들이 그대로 부처에 다 있다. 새로 온 장관 보다 업무에 대해 더 잘 알고, 그러면서 4년을 국회의원으로 더 있게 된다. 그러니까 관료들이 장관 출신 국회의원에게 계속 충성한다.

박 _ 한국 정치의 문제점을 아주 쉽고 구체적으로 짚어준 것 같다. 심 지어 한국 정치의 문제만이 아니라 우리 사회의 핵심문제라는 생각이 들었다. 노무현 정권 때까지만 해도 절차적 민주주의를 강조했다. 그것 도 나름 진일보한 문제의식이었다고 생각하는데, 강용석의 문제 제기 는 다시 내용적인 면을 짚은 것 같다. 결국 '문민통제'가 위기에 봉착했 다는 말로 들린다. 이건 민주주의의 위기와도 일맥상통하는 거 아닌가.

강 _ 사실 관료는 군인과 비슷하다. 고시를 통해 들어가는 관료들의 기수에 따른 수직 문화, 상명하복 등의 문화는 군대와 아주 비슷하다. 지금 군대도 전쟁 없이 60년 넘게 오다 보니 일반 관료와 전혀 다를 게 없다.

군인과 제일 비슷한 관료조직은 아마 검찰일 것이다. 그런데 검찰은 그 기능이 처벌에 집중되어 있는 반면, 경제관료들은 사회에 미치는 영향력이 엄청나다. 하지만 정치권, 언론 등에서 잘 모르기 때문에 통제를 제대로 못 한다. 경제 관료들을 통제하려면 그에 상응하는 전문성을 갖춘 그와 비슷한 집단이 필요한데 그게 정치권밖에 없다. 그런데 정치권은 전문성을 키우기는커녕 서로서로 전문성을 없애는 데 힘을 쏟고 있다. 공천을 둘러싼 내부투쟁에 몰입하다 보니까 전문성 있는 사람들은 다 사라진다.

그런 면에서 난 비례대표라는 것도 마음에 안 든다. 비례대표가 전혀 제 역할을 못 하고 있다. 차라리 상하 양원제를 도입하는 것이 낫다. 비례대표란 외부 전문가 데려와서 지역구와 관계없이 정책적으로 활동해서 관료들을 통제하라는 취지라고 할 수 있다. 그런데 비례대표들이 국회에 들어오면 모두 재선하려고 지역구 잡기에 혈안이 된다. 오히려 지역구 정치인들보다 더 정치적으로 된다. 지역구 초선들은 지역 활동하느라 중앙정치에 신경 안 쓴다. 비례대표들은 중앙정치에 신경을 써야 차후 공천을 받으니까 거기에 몰려다니고 떼거리 정치를 만들어 나간다.

국민의 '수준'이 아닌 국민의 '선택'

박 _ 비례대표제가 아까 말한 정치인의 전문성을 보완하기 위한 제도
인데, 왜 애초에 전문가들 위주로 뽑지 않을까?

강 _ 아니 전문가를 뽑아놔도 정치인 행세한다. 상하 양원제를 하면
기존의 극단적인 대립은 없을 것이다. 단원제 채택하고 있는 나라가
많지 않다. 몽골, 대만, 한국 정도다. 이 세 나라 모두 똑같이 국회에
서 몸싸움을 즐겨 한다. 구조적으로 법 통과가 한 방에 끝나기 때문
이다. 하지만 양원제를 하면 법률안을 한 번 더 거를 수 있다. 상원에
서 통과해도 하원에서 통과되어야 한다. 충분히 토론 기회도 얻을 수
있다.

우리나라에서 양원제를 도입한다면 상원은 훨씬 더 넓은 대선거
구로 하면 된다. 그러면 상원은 그야말로 명망가가 된다. 상원 임기도
조금 늘여주면 좋다. 6년 정도로 약간 어긋나게 하면 중간 평가적인
성격도 있을 수 있다. 지금과 같은 소선거구의 문제도 어느 정도 해결
가능하다.

박 _ 듣고 보니까 미국에서는 당을 떠나서 국회 차원의 동질감이 있
다는 말이 생각난다. 국회가 행정부에 대항해서 법안을 처리하고 대
통령은 거부권을 무기로 경쟁 정당 의원들이 아니라 전체 국회의원들

을 대상으로 싸우고 그런 면들 말이다.

강 _ 우리도 정치권이 전부 합심해서 관료하고 대결하는 그런 구도가 생겨야 하는데 안 생긴다. 정치권 내에서만 다툰다. 정치인들 생각에는 관료들이 자기들 밑에 있다고 생각하는데 실제 관료들은 그리 생각 안 한다. 관료들이 상황을 모면하기란 너무 쉽다.

한 가지 더 지적하자면 우리나라는 정부의 입법권을 없애야 한다. 미국엔 없다. 법안제출권은 무조건 의원한테만 있다. 우리는 다소 내각제 비슷한 대통령제다.

박 _ 정부로부터 입법권을 뺏어오면 국회의원들이 전문적일 수밖에 없게 되겠다.

강 _ 그렇다. 그리고 의회가 정부 통제하는데 훨씬 좋다. 미국은 대통령제라고는 하지만 국회의 승인 없이는 대통령이 하나도 못 움직인다. 그래서 대통령이 하는 역할 중에서 가장 큰 것이 야당의원들을 설득하는 것이다. 그런데 우리는 대통령제지만 국회에 관해서는 내각제처럼 되어 있다. 정부가 법안 제출하고 그러는 것이 내각제의 전형적인 요소다. 왜냐하면 의원들이 다 장관 하니까 그렇다. 결과적으로 우리나라 대통령은 마치 국회하고 전혀 관련 없이 떨어져 있는 것처럼 되어 있다. 그래서 대통령이 야당 대표 만나는 것을 시혜적인 것으로 느끼기도 한다.

박 _ 정치인들이 이런 문제의식이 있나?

강 _ 비례대표가 불필요하다고 얘기하는 의원들 꽤 있다. 양원제가 대안이라고 생각하는 의원들도 많이 있고.

박 _ 개헌과제가 많다.

강 _ 많다. 선거구 제도도 손 봐야 한다.

박 _ 강용석은 소선거구제에 찬성하지 않는 것 같다.

강 _ 바람직하지 않다. 소선거구제는 인구 구성에 따라서 완전히 선거 결과가 고착화 되어 버린다. 독일식 비례대표제 말고 그냥 대선거구제 로 하면 좋다. 한 지역구에서 두 개 정당이 당선될 수 있는 체제가 필요한 것 같다.

박 _ 그런데 우리나라 사람들 정서에 비춰서는 뭔가 화끈하지 않은 것 같다.

강 _ 확 안 몰아준다?

박 _ 그렇지. '선거해서 뭐 하나, 어차피 새누리당도 되고 민주당도 될 텐데.' 그런 심리가 있지 않겠나. 그러니까 국민들 입장에서는 권력을 행사했다는 느낌이 안 들 것 같다.

강 _ 국민들은 소선거구제와 대통령 직선제를 바란다. 그래서 이 체제가 유지되고 있는 것이다. 국민들의 '수준'이라기보다는 국민들의 '선택'인 것이다.

박 _ 국민들의 성정이라고 해야 하나, 그런 면이 있는 것 같다. 정치를 스포츠 보듯이 하는 그런 면. 붙이고 떨어뜨리고….

강 _ 싸우고….

정치 문화

박 _ 그런 게 정치문화 아닐까. 정치문화라는 게 나라마다 다르다. 우리나라에서 '연고주의'가 심한 것도 우리의 독특한 정치문화 때문이 아닐까. 미국이나 유럽에선 덜 할 것 같은데.

강 _ 난 다르게 생각한다. 레거시(legacy)라고, 이게 우리나라 말로 번역하기 힘든데, 그게 연고주의다. '너 어떤 레거시를 물려받았냐?' 했을 때 그게 자기 집안일 수도 있고, 재산일 수도 있다. 유산(expectation)이라고도 해석할 수 있을 것 같은데 단순히 재산적인 개념뿐만 아니라 자기가 갖고 있는 모든 배경 그런 것들의 총합 개념이다. 아무튼 그런 말이 있다는 자체가 서구에서 귀족적 사고방식이 얼마나 강한지를 말해주는 것이다.

그런 면에서 난 후쿠야마의 분석보다 장하준의 진단에 동의하는 편이다. 쉽게 말하자면 '페루의 변호사와 페루의 노동자, 또는 페루의 변호사와 한국의 변호사 둘 중 어느 쪽이 비슷한 생활을 영위할 것인가'라는 문제에서 답은 뻔한 것 아닌가. 국가나 민족의 차이보다 개인의 경제수준이나 직업이 그 사람의 행동 양태를 결정하는 면이 크다는 것이다.

박 _ 전형적인 부르디외식 해석인데, 헌팅턴, 후쿠야마 등의 견해와는 다르다. '정치적 후견주의'에 대한 생각은 어떤가.

강 _ 정치권에서 논의되는 문제다. 이를테면 이상득의 '형님예산' 같은 것이 전형적인 후견주의 문제인데, 예산을 국가 전체를 놓고 바라보는 것이 아니라 지역 정치 기반을 고려하는 그런 문제 아닌가. 이것은 지역주민들이 원하는 것이라는 점에서 부패와는 좀 다른 문제다. 유권자들이 자기 지역 정치인들을 뽑아서 거물로 만들려고 하는 이유가 '인물 키워서 덕 보자.' 그런 건데 이건 어떤 대의제 민주주의 국가에서도 있는 문제다.

박 _ 국가별 문화 차이에 대한 예는 이런 거다. 투자자가 극장 공연 계약을 했는데 예기치 않은 폭설로 관객이 들지 않았을 때, 미국에선 가차 없이 계약서대로 진행하고 일본에선 폭설로 인한 예외로 손해를 분담한다는 그런 부분을 말한다. 나라별로 이런 문화 차이가 있다는 것이다.

강 _ 난 별로 동의하지 않는다. 그건 문화 차이가 아니라 개인의 차이다. 어떤 문화에선 그걸 인정하고 어떤 문화에선 그걸 인정하지 않는다? 그건 좀 더 통계적 검증이 필요하다. 그냥 그런 느낌인 것 같고, 그런 식으로 따지면 우리나라가 이탈리아 사람들과 성격이 비슷하다, 그런 얘기랑 비슷한 건데…. 그런 문제들은 제도에 따라서도 확 바뀐다.

박 _ 그러니까 제도 자체도 문화의 산물이라는 주장이다.

강 _ 나는 경제적이나 제도적으로 상징화 된 것과 그렇지 않은 것의 차이는 많이 있는 것으로 본다. 그런데 국가별로 같은 선진국들 사이에서 큰 차이가 있는지는 잘 모르겠다. 차이가 없다는 건 아니다. 차이는 분명히 있는데, 이를테면 덜 선진화 됐냐 더 선진화 됐냐에 따라 존재한다. 그런데 그 나라들도 경제적으로 선진화 되면 다른 선진화 된 국가와 비슷한 제도를 갖추기 때문에 결과적으로 아주 비슷하게 닮아간다는 거다.

박 _ 그런데 미국과 프랑스는 공히 선진국가라고 생각하는 나라인데, 프랑스는 좌파적 성격이 강하고 미국은 우파적 성격이 강하다. 그 문화적 차이를 말하는 것이다.

강 _ 큰 차이 없다.

박 _ 프랑스 세율부터 해서, 유럽 가수들 세금 피해서 미국으로 많이 가지 않았나.

강 _ 그건 요즘에 부유세 도입하려고 해서 그렇고, 실제 담세율은 비슷하다. 프랑스나 미국이 선진국 중에서 담세율이 좀 낮은 편인데, 20% 초반이다. 그러니까 그건 세율의 문제, 선택의 문제다. 유럽이 지금 담세율이 높은 이유는 연금제도 때문이다. 실제로 세금이 차지하는 비중이 그리 높은 건 아니다. 그건 비슷하다.
　유럽이 연금제도를 시행한 지가 조금 더 오래됐다. 유럽의 연금제도는 적립 안 하고 그해 걷은 걸로 그해 바로바로 주는 방식인데, 노령화 때문에 확 늘어나서 그렇지 실지 소득세율, 법인세율과 같은 개별 세율들은 미국과 프랑스가 거의 비슷하다.

고용과 관련해서는 미국이 좀 유연성이 있는데, 그것은 미국만 좀 특이하고 다른 모든 나라의 근로기준법은 서로 비슷하다. 유럽, 한국, 일본 다 비슷하고 프랑스, 독일, 영국 다 비슷하다. 미국만 유독 조금 유연하다. 그런데 그것도 많이 좁혀지고 있다.

박 _ 문화 차이는 근본적 차이가 아니다?

강 _ 근본적인 차이가 아니고 또 점점 더 좁혀지고 있다. 지금은 전 세계가 다 스타벅스 커피 마시고. 햄버거 먹고. 최저 임금 정할 때도 '빅맥 지수' 이런 걸로 비교한다. 그런 게 지금 차이가 있다고? 그럼 '아비트라지(차익거래, 재정거래)'가 발생해서 급속히 그 사이를 좁혀버린다. 그러니까 선진국들 사이에서는 차이를 두기가 어려워진다.

정치권의 부패문제는 나아지고 있다

박 _ 그럼 한국의 부패구조에 대한 진단은 어떤가.

강 _ 한국만큼 급속히 부패문제를 줄여 온 나라가 있나? 부패지수 수치에서도 나아지고 있고 많이 개선되고 있는 느낌이다. 오히려 요즘은 공직사회의 부패보다 대기업과 중소기업 간 그런 어떤 구매체계라든지 협력체계라든지, 거기가 더 심각해 보인다. 기업 부문은 상대적으로 공공기관보다 감시를 덜 받는다. 심지어 원전 같은 폐쇄적인 구조도 다 드러나고 있다. 공공부문에서는 요즘 대부분 입찰하고 경쟁한다. 단독 수의계약이 거의 없다. 경쟁 입찰해서 담합하면 떨어지는 사람들이 반드시 제보한다.

아무튼 과거의 부패구조가 스스로 제도적인 힘으로 많이 없어진 것처럼 보인다. 내가 볼 때 정치권에서 그런 게 조금이라도 남아 있어 보이는 곳은 비례대표 공천 부문이다. 그 외에 지방의원 공천제도에서도 좀 있어 보이고. 또 로펌에서 정부에 로비하고 그런 것도 있고. 하지만 내가 알기로는 대통령이나 정치권에서 재벌들에게 정치자금을 받거나 그런 것은 못하게 된 지 꽤 됐다.

박 _ 지난 대선 때 불법 정치자금, 선거 자금은 거의 없어진 것 같더라.

강 _ 박근혜는 아예 거론되는 대선자금 문제가 없다.

박 _ 문재인도 안 받았을 거다.

강 _ 문재인도 없었을 것이다. 아마 소액으로 걷긴 했을 것 같은데 자발적인 것일 테고 그런 건 대가관계가 있는 부패 고리라고 보기에는…. 정치자금법을 약간 상회하는 그런 형태일 것이다. 내가 느끼기에는 주로 그 그룹 내의 운영비로 쓰인 것 같아 보인다. 큰돈 낼 사람도 없고 많이 내봐야 1억 정도일 것이다. 예전처럼 재벌들이 천억씩 내는 그런 행태는 순식간에 없어졌다. 하여간 여러 차례 걸쳐서 된 거다. 95년도에 전두환, 노태우 자금 처벌, 2003년에 대선자금 처벌 등을 거치면서….

박 _ 이명박도 대선 때보단 대선 이후 재임 기간 중 비리가 문제인 것 같다.

강 _ 지금 문제가 있어 보이는 게 4대강이다. 그거하고 자원외교인데, 그 두 가지에서 탈탈 털어서 안 나오면 없는 거지.

박 _ 그럼 지금 전반적인 평가는 정치권과 공직사회보다 사회 전반적 부패구조 이런 게 더 크게 보이나?

강 _ 그렇다. 하여간 지금 규모 큰 게 재벌기업과 중소기업 간의 협력 거래 관계, 재벌기업 내부의 내부자거래 그런 방식이 문제인 것 같다. 주식 내부자 거래도 그렇고. 대표적인 예가 글로비스다.

박 _ 글로비스에 대해서 할 말 있나?

강 _ 아니 별로 할 말은 없다. 글로비스는 너무 빨리 컸다. 현대차 그룹 내부거래를 싹 독점해서 너무 빨리 컸으니까. 전 세계에서 가장 성공한 주식투자다.

박 _ 일반 사람들이 문제 삼는 정치자금, 지역주의 그런 걸 크게 보진 않는 것 같다.

강 _ 그렇다. '국회의원 특권 내려놓기' 그런 건 정말 사소한 문제라고 본다. 앞에서도 말했듯이 내가 볼 땐 정치자금 등 관련 근본적인 부분은 많이 해소가 된 것 같다. 역으로 고비용정치가 상당히 해소됐기 때문에 지금 특권 내려놓기 어쩌고 그런 것이 언론에 부각된다고 볼 수도 있다.

사실 공직자의 특권에 대해 이야기하자면 장·차관이나 고위직 공무원들이 더 심하다. 그들이 퇴임하고 공기업 등에 낙하산으로 내려가는 것 등이 더 심각한 특권이다. 국회의원들이 65세 이후에 월 120만 원씩 받는 게 지금 엄청난 특권처럼 보이는데, 그만큼 국회의원이란 게 별거 없다.

정치를 하려면 대중적으로 하라

박 _ 듣고 보니 그렇다. 생각해보니 국내 정치개혁 과제 중에 가장 큰 문제는 정당개혁 같다. 신진 정치인을 안 키워주는 문화 그런 거. 요즘 보면 스타 정치인이 잘 안 나온다. 정당에서 크려면 계파를 형성해야 하고.

강 _ 그런데 나는 누가 누굴 키워준다는 것이 이상하게 들린다. 예전에는 김영삼, 김대중이 당내 반대파를 누르기 위해서 새로운 사람들을 영입하고 자기 계파로 키웠다. 김영삼 키즈, 김대중 키즈 등 그런 말 있지 않았나. 그런데 지금은 그렇게 장기적으로 놓고 정치하는 분위기가 아니라서 누굴 데려다 놓고 키워줄 틈이 없다. 그래서 '정치 키즈'가 없다.

과거에 '키워준다'는 것은 정당에서 월급을 줘서 먹고 살 수 있게 해줬던 거였다. 지금은 지구당 위원장이 되어도 한 푼도 없다. 옛날에는 정당에서 지구당위원장에게 월급을 줬다. 그러니까 괜찮은 사람들도 많이 들어왔었지.

박 _ 정치 신인들에게 어떤 공식적인 루트가 없는 것 같다.

강 _ 그건 알아서 하는 거지. 나는 이렇게 생각한다. 어떤 분야에 관한 책이 나온다는 건 이미 그 분야에서는 별 게 없다는 거다. 정치 분야에서는 어떻게 하면 '입문'할 수 있는지에 대해서 아직 책이 나온 게 없다. 정통서가 없다. 왜냐하면 그건 정말 며느리도 모르기 때문이다. 연예인도 마찬가지다. '어떻게 하면 될 수 있다.'라는 그런 게 아직 없다. 즉 정치와 연예 분야에는 아직 뭔가 있다는 것이다. 고시에 합격하는 법은 책으로 나와 있지만 CEO가 되는 법은 없다.

그런 노하우가 불투명하니까 지금 일본이 그런 것처럼 우리도 벌써 2대, 3대 정치인들이 나오고 있다. 공천? 어떻게 받는지 모른다. 정계 입문 절차가 있다 하더라도 정치는 리스크가 너무 큰 것이 또 함정이다. 그래서 내가 말한 것이다. 리스크가 너무 크기 때문에 모든 걸 다 걸어야 한다. 모든 걸 다 걸려면 원래 돈이 좀 있어서 생계에는 걱정이 없던지, 아니면 정치 경력에 도움이 되는 직업을 갖든지 해야 한다는 것이다. 일단 국회의원을 한 번 하고 나면 그다음에는 생계 자체는 어떤 형식으로든 유지할 수 있다. 하지만 그전까지 어떻게 생계를 유지할 것인지에 대한 대책 없이 그냥 뛰어들면 완전히 날건달 되기 쉽다.

박 _ 관련해서 요즘 정치인들이 과거에 비해 질이 떨어지는 것 같기도 하다.

강 _ 그런 말이 맞는 부분이 있는 게, 한국 정치는 엄청나게 다양한 이익집단의 요구를 반영하는, 이런저런 사람들의 용광로라고 할 수 있는데 안정된 루트가 있으면 또 그 안에서 고인 물이 썩는다. 물론 지금은 너무 대중없다. 가령 민주당만 해도 공천을 어떤 기준으로 하는지 모르겠더라.

박 _ 나는 제일 어이없었던 케이스가 뭐였느냐면, 서기호 판사였다. 그 친구는 트위터에서 '가카 빅엿' 몇 번 날리더니 단숨에 대중성 얻고 국회의원 됐다. 이게 말이 되나?

강 _ 그런데 그 친구가 원래 진보정의당 성격이나 통합진보당 성향이 었으면 말을 안 하겠는데 전혀 아니다. 나랑 동기인데 전혀 그쪽 성향이 아니었다. 굳이 끼워 넣자면 호남 출신이긴 하다.

박 _ 예를 들어 미국 같은 경우엔 정치 지망생들이 착실히 보좌관 생활부터 하면서 크는 경우가 많던데 왜 그런 건가?

강 _ 미국에서는 보좌관으로 시작해서 지방에서 뿌리를 내리는 게 정치에 입문하는 방법이다. 그런데 우리나라에서는 보좌관 경력은 국회의원이 되는 것과 전혀 관계없다. 되려 보좌관 생활을 오래 할수록 국회의원이 될 수가 없다. 심지어 국회의원에 출마할 경우 과거 보좌관 했던 경력을 싹 지운다. 왜냐하면 보좌관을 했다고 하면 공천을 못 받는다. 보좌관은 참모도 아닌 비서로 본다.

지금 JTBC〈썰전〉에 출연하고 있는 이철희 씨도 보좌관 출신이다. 국회의원 했던 사람과 보좌관 출신을 붙여놓았다는 말도 나온다. 그 때문에 이철희 소장이 보좌관 했었다는 얘기는 안 하려고 한다.

박 _ 어떤 가난하지만 야심 있고 똑똑한 청년이 정치를 한다고 할 때 어떻게 해야 하는 건가?

강 _ 정치를 하려는 청년에게 내가 정말 해주고 싶은 말이 뭐냐면 생계문제를 어떻게 할 건지 잘 생각해보라는 거다. 그리고 대중적으로 활동하라는 것이다. 글도 발표하고 사고도 치고. 그게 가장 **빠른** 길이다. 내가 정치권에 기웃거리기보다 정치권에서 날 부르고 싶게.

박 _ '가카 빅엿'을 날려서라도?

강 _ 가장 나쁜 예이긴 한데 지명도가 생겼잖나.

박 _ 그럼 포퓰리즘이 문제가 된다. 현실적인 대안도 있고 내용도 있어야 하는데.

강 _ 물론 그게 문제다. 내용은 있다 치고, 방법적인 문제를 이야기한 것이다. 예를 들어 안철수를 보면 아무 내용이 없잖나. 안철수가 국회의원 100명 축소 이런 거 내놓았다가 욕만 먹었다. 준비 없이 언론에 반응하다 보면 그렇게 된다.

박 _ 정치지망생한테 하고 싶은 말이 있나?

강 _ 아나운서 설화 이후로 '지망생'에게 말하는 걸 꺼린다.(웃음) 그리고 요즘 청년들은 솔직한 말, 현실적인 말을 원하지 않는 것 같다. 그러니까 어려운 얘기는 할 필요가 없다. 그러다 보니 가식적으로 된다. 늘 가식적인 대답, 대표적인 게 안철수다.

정치지망생들이 과연 얼마나 있는지 잘 모르겠는데, 물론 내가 정치 지망할 때도 똑같은 이야길 많이 들었다. 왜 정치를 하려 그러나, 얻는 건 없고 힘들기만 하고… 그러나 정치를 지망하는 사람들에게 꼭 한마디 하자면, 그러니까 자신의 모든 걸 걸어야 한다는 것이다.

정치 지망생에게 해주고 싶은 뻔한 말은 많다. '준비를 충분히 해라.', '노력하면 성공한다.', '어떤 정치인이 되고 무엇을 위해 정치를 하려고 하는지에 대해서 생각을 가다듬어라.' 같은 뻔한 말을 나에게 듣고 싶을까? 아니라는걸 알기 때문에 그런 말은 하기 싫다.

아주 똑 부러지게 말하자면 '너의 권력의지가 얼마나 되는지부터 스스로에게 자문해봐라.'라고 하고 싶다. 왜냐하면 모든 걸 걸어야 하기 때문에, 모든 걸 걸고서라도 당신이 꼭 그걸 해야겠다고 생각하지 않는다면 할 수도 없고 해서도 안 된다.

종북논란과 이념문제

박 _ 대한민국 정체성 관련해서 가장 뚜렷한 문제, 소위 종북문제에 대해서 어떻게 생각하는가?

강 _ 종북이란 딱지가 붙어서 세상에 나오는 순간 사소한 문제가 되어 버린다.

박 _ 하도 종북 종북하니까 종북이 해체되고 있다는 느낌이 든다.

강 _ 이미 종북이라는 딱지가 붙은 사람은 그렇게 되어버린 이상 아무것도 아니다. 예전에 난 '자생적 좌파, 빨갱이'가 10~15%는 된다고 봤다. 북한하고 직접 연결되는, 소위 말하는 주사파 중에서도 아주 핵심이 되는 그런 1%는 있다고 봤다. 그런데 지금 진보정의당 그룹은 원래 종북이 아니다.

박 _ 그들은 주사파 싫어한다.

강 _ 또 PD 계열은 종북이라고 보기 어렵다. 극소수 종북이 있다 하더라도 지금 북한에서, 요새 간첩 다루는 영화 나오는 거 보면 알겠지만, 북에서 공작금 내려줄 역량이 될까? 돈과 지령이 와야 움직이는 건데.

박 _ 하긴 간첩이란 것이 정보를 다루는 것인데 요새 무슨….

강 _ 웬만한 정보는 인터넷에 다 있다. 네이버지도에 '군수사령부'를 치면 '군수사령부' 위치는 안 나오는데 '신한은행 군수사령부 지점' 위치가 나오더라. 거기가 결국 거기 아닌가? 영화 〈무간도〉나 〈디파티드〉처럼 그 조직에 들어가서 고위직이 되지 않고서는 간첩이 할 게 별로 없다. 예전엔 간첩활동 했다는 증거가 난수표, 총기, 카메라, 초단파 라디오 등이었다.

박 _ 암호를 이용하면 인터넷에서도 뭔가를 할 수 있다. 마치 마약상들처럼.

강 _ 그렇게 할 수 있다. 코드북인가, 케임브리지 나온 유명한 인도 출신 사이먼 싱이 암호에 관해서 쓴 책이 있다. 하지만 요즘은 그런 암호체계 안 쓴다. 이제 해석 못 하는 암호가 없다. 양자암호 빼고는 모든 암호가 분석 가능하다. 그나마 대중에게 알려진 최근 암호는 2차 대전 당시 독일 암호를 해석한 영국의 튜링 정도다. 그런 정도의 얘기가 가장 최근까지 알려진 얘기이다.

요즘 '에셜론'이라고, 1947년부터 미국, 뉴질랜드, 호주, 영국에서 같이 운영하는 건데, 전 세계의 모든 통신을 감청하는 시스템이다. 에셜론의 존재는 1998년부터 알려지기 시작했다는데, 에셜론이 전 세계의 모든 통신을 감청하고 슈퍼컴퓨터로 분석한다.

94년에 나온 영화 〈Clear and Present danger〉를 봐도, 거기서 무슨 목소리 하나만 따면 그 목소리를 가지고 전 세계로 통화한 기록과 성문분석을 해서 그 사람이 누군지 찾아낸다. 오사마 빈 라덴이 잡힌 것도, 그가 알 카에다 조직 밑에 있는 부두목한테 딱 한 번 전화 걸었다가 걸린 것이었다. 유선으로. 무선이건 유선이건 상관은 없는데, 그 전화 통화를 한 게 딱 잡혔다. 그걸로 오사마 빈 라덴 목소리하고 비교 대조해서 잡았다. 빈 라덴이 2001년 9월 11일 이후 잡혀 죽었을 때까지 10년 동안 딱 한 번 통화했다는데, 그걸로 위치추적을 해서 파키스탄으로 특수부대 파견했다.

만약 한국에 간첩이 있어서 북한과 어떤 교신을 하면 마음만 먹으면 잡을 수 있다. 미국은 다 알 것이고 우리나라 내부에서도 알지 않을까. 이번 영국 가디언 지에 무슨 지도 하나가 폭로되지 않았나. 우리나라가 미국이 그렇게 세계 감청하는 지역이 아니라는 거다. 중국과 미국, 이런 데를 중점적으로 감청한다. 상식적으로 미국은 지금 미국 내부에 가장 관심이 많고, 그다음에 중국에 관심이 많고, 그다음이 서유럽이다. 일본하고 우리는 별로 관심이 없더라.

비슷한 이야기 하나 더 하자면, 미국 드라마 〈프리즌 브레이크〉 시즌 2를 보면, 중간에 말이 없는 사람이 하나 나온다. 그 사람은 글로 써서 한 단어로 보여주고 명령하는 사람이다. 신비에 쌓인 인물인데, 시즌 3에 가면 그 사람이 배를 타고 호수에 가서 어느 지역에 이르자 말을 한다. 인공위성에 안 걸리는 타이밍이라고 말을 하는 이유를 밝힌다. 인공위성이나 이런 게 얼마나 기술이 발달했냐면, 예전에도 인공위성이 유선이나 무선 통신망을 감청할 수 있었는데 이제는 모든 대화도 감청이 가능할 정도라는 것이다. 사람의 목소리를 창문 진동으로 잡아낸다고 하니까.

자유민주주의의 핵심은 '프리덤 오브 스피치'다

박 _ 그럼 종북 논란 말고, 대한민국 정체성 관련해서 또 이념에 관해서 명쾌하고 짧게 정의할 수 있나. 자유민주주의국가에 대해서 말이다.

강 _ 자유민주주의의 핵심은 '프리덤 오브 스피치'다. 언론의 자유가 자유민주주의의 핵심이다. 그게 단순히 언론뿐 아니라 모든 사람들이 자유롭게 얘기할 수 있는 상황이 되면 사상의 자유시장이론에 의해서 자연스럽게 모든 게 걸러지게 된다. 그래서 종북이니 뭐니 다 해결된다.

박 _ 아까 우리도 독일식 통일을 염두에 둬야 한다고 했는데 빌리 브란트의 동방정책에 대해선 어떻게 생각하나?

강 _ 빌리 브란트에 대해 이야기하기가 난 좀 조심스럽다. 빌리 브란트가 사실 비서와의 추문 그런 문제로 나가떨어지지 않았나. 간첩과 바람. 두 가지가 다 걸려있어서. 빌리 브란트 이러면 바르샤바에서 무릎 꿇었던 게 큰 건데, 그 뒤에 두 문제가 터져서 평가를 제대로 받기 힘들었다. 빌리 브란트 얘기를 하면 할수록 정치적으로 도움이 안 된다. 그나마 처칠이나 대처는 적절한 선에서 큰 문제 없이 빠져나왔기 때문에 정치적 롤 모델로 하기 적당하다. 우리나라에서는 어설프게 몇 가지 좋은 점을 가지고 정치인을 롤 모델 삼으면 마녀 사냥당하기 딱 좋다. 통일에 있어서는 빌리 브란트가 접근방식이나 이런 건 좋은데 그 비서가 나중에 보면 동독 간첩으로 밝혀지고 이런 것들이 있어서 좀 그렇다.

박 _ 국가 정체성 관련해서 북한에 대해서 전향적으로 접근하겠다는 생각이 있어 보인다. 적대시할 것인가, 포용하고 공존할 것인가.

강 _ 지금 북한이 모든 면에서 적대시할 만한 상대가 되는지 모르겠다. 전력, 경제, 체제 그런 모든 면에서 어떻게 잘 관리해나가느냐 그렇게 생각할 문제라고 생각한다. 박근혜 대통령이 지금 북한을 다루는 걸 보면 오랫동안 생각이 있었던 듯하다. 그간 한국의 대북정책을 보며 자기가 대통령이 되면 어떻게 해야겠다는 생각을 했다는 게 느껴진다. 몇 달 안 되는 기간에 이렇게 안정적으로 관리하는 걸 보면서 박근혜 대통령을 다시 봤다.

박 _ 강용석도 비중 있는 정치인이 된다면 그런 식으로?

강 _ 오랫동안 생각해야 한다. 나는 저게 어떤 방식으로 만들어졌는지가 느껴지는데 자기가 대통령이 됐다고 생각하고 어떻게 할 것인가를 계속 워 게임 형식으로 생각해야 한다. 이 준비 없이 갑자기 대통령이 되면 굉장히 혼란스러워지고 실수할 가능성이 많다. 내가 봤을 땐 김대중이 김영삼보다 좋았던 점이 뭐냐면 김대중은 자기가 대통령이 된다고 확신하고 끊임없이 연구를 했다는 것이다. 나중에 그런 다소 유치한 얘기도 있었다. 김대중이 청주교도소에서 사형선고를 눈앞에 두고서도 매일 밤 자신이 대통령이 됐을 때 김일성과 어떻게 할 것인지 생각을 해봤다는 그런 이야기. 그런 준비가 없으면 쉽지 않다.

강용석의 경제관

박 _ 강용석의 경제관이 궁금하다. 우리 경제에 있어서 가장 큰 문제점이나 제1 개혁과제는 무엇이라고 생각하는가?

강 _ 우리 경제에서 가장 큰 문제는 성장잠재력이 깎여 나가고, 성장

할 수 있는 장래모델, 10년 20년 30년 후에 과연 우리 경제가 뭘 하고 있겠느냐에 대한 모델이 불투명하다는 것이다. 이게 가장 큰 문제다. 과거에 한 50여 년간 성장해왔던 이런 정도의 성장을 지속해서, 세계경제에서 차지하는 비중이 현재보다 높아져야 하는데 과연 높아질 수 있겠나.

박 _ 구체적으로 성장동력이 뭐가 문제인가.

강 _ 지금 성장동력을 어떻게 개발할 것이냐가 가장 큰 문제다. 그러려면 끊임없이 R&D 투자도 하고 뭔가 개발해 나가고 새로운 시장도 개척해야 한다.

박 _ 구체적으로 들어가 보면 미국은 계속 산업 성장동력을 개발해왔다. 자동차, 철강 혹은 경제 망한다고 할 즈음에 IT 그리고 요즘은 융합 기술, 그런 식으로. 사실 성장동력이 문제인 것은 맞다. 그 성장동력 때문에 마르크스 이론이 폐기되다시피 했던 것이고 슘페터가 뜬 것 아니겠나. 또 성장동력과 혁신을 따로 이야기할 수 없다. 앞으로 우리나라의 성장 동력은 뭘까? 예측 혹은 기대를 말해 달라. 아니 우리나라가 경제적 혁신이 가능한 토대가 있기는 하나?

강 _ 사실 우리나라의 지난 50~60년간은 역사상 최고로 혁신지향적이며 모험적이었고 개방적이었다고 생각한다. 앞으로 30~50년 동안 얼마나 더 혁신하고 개발할 수 있느냐가 한국의 미래를 좌우할 거다. 단순히 정치인이 잘 알지도 못하면서 'BT, IT를 융합하고….' 그런 말 하는 것은 말도 안 되는 얘기, 뜬구름 잡는 이야기다. 그건 각 산업에서 알아서 할 일이다. 각 산업에서 선도적으로 앞서 가는 이들이 10년 ~20년 고민해도 모르는 문제를 잘 알지도 못하는 정치인이 BT랑 IT랑 융합해서 어쩌고 이야기하는 게 우스운 거다. 나는 대신 사회가 얼마나 개방적, 혁신적, 진취적인 분위기냐가 중요하다고 생각한다. 지난 50년 동안 이어왔던 혁신과 개방의 분위기를 더 펼치기 위해서 필요한 것을 이야기하고 싶다.

지금 우리가 사실 휴전선으로 가로막혀서 섬나라처럼 살고 있다. 일본은 섬나라지만 우리보다 땅도 네 배나 크고 인구도 세 배 많다. 저 경제가 20년 침체에도 버티고 있다. 우리는 지금 일본식의 침체에 빠지면 5년~10년 버티기도 쉽지 않다. 그래서 우리가 살아나갈 돌파구 마련을 위해서라도 통일이 필요하다. 통일을 해야 하는 이유가 그게 가장 크다. 통일이 되는 순간 그 자체로 부동산이나 건설 시장이 엄청나게 활성화되고 커질 거다.

현재 부동산하고 건설 시장 규모가 200조 조금 넘는데, 전체 경제에서 차지하는 비율이 15% 조금 안 된다. 지금 12% 정도로 줄었는데 이게 통일이 되는 순간 15~20%로 늘어날 수 있다. 부동산 건설이 아무리 옛날식이라고는 하지만 실제로 내수경제에 미치는 영향이 크다.

실제로 북한에 가서 뭔가 하고 싶은 사람이 많을 거다. 개인과 기업이 북한에 진출하면 자연스레 북한만이 문제가 아니라 중국 국경에서의 무역도 굉장히 활발해질 것이다. 자연스레 동북 3성이, 조선족 포함 우리나라 '그레이트 코리아' 경제권으로 편입될 수 있다. 중국보다 오히려 거리면에서나 심정적으로 또 언어적으로도 가까운 사람이 많다. 만주 등엔 자원도 많고 배가 아닌 파이프, 기차를 통해 직접 들여올 수 있다고 생각하면, 여러 가지 기회가 생긴다.

통일이 되면 인구가 8천만이 될 텐데, 8천만 경제를 발전시키기 위해선 첨단 IT와 같은 특정 분야의 산업만으로는 안 된다. 북유럽은 인구가 오백만, 칠백만, 천만, 핀란드 같은 경우는 사백만 정도니까 노키아 같은 기업 하나로도 적당히 먹고 살 수 있는 것이다.

그리고 우리는 지정학적 위치상 통일이 되면 일본과 러시아와 중국의 중심이 된다는 장점이 있다. 세계경제의 3대 중심축을 북아메리카, 서유럽, 동아시아라고 본다. 전기 생산량을 보면 잘 알 수 있다. 전기는 달러로 환산한 국민소득보다 더 정확히 그 나라의 경제수준을 반영한다고 보는 견해도 있다. 결국 규모로 봤을 때 우리가 북한을 흡수하게 되면 세계 경제 규모상으로도 7위권까지 진입 가능하다고 생각한다. 그러면 2위, 3위, 7위가 모여 있는 동아시아가 확실하게 3대 중심축 안에 들어가게 될 것이고, 그 과정에서 우리에게 다양한 기회가 생길 수 있을 거다.

지금도 관광이 굉장히 활성화되고 있는데, 서울은 방문객 수 기준으로나 관광객들이 사용하는 돈 기준 모두 다 10위 안에 들더라. 너무나 빨리 발전을 했다. 우리는 일본보다 여러모로 더 개방적이다. 그런데 북한까지 그렇게 되면 확장성이 매우 커지게 된다. 이민 등에 대해서도 관대한 정책을 펴야 한다. 요즘 청년들은 좌우를 막론하고 다문화를 부정적으로 바라봐서 이런 말 하면 어떻게 받아들일지 모르겠지만 나는 통일되면 인구 10% 정도까지는 외국인이 들어와도 괜찮다고 본다.

우리나라 경제의 돌파구 북한

박 _ 우리나라 일반적인 우파들이 주장하는 내용과 상당히 다르다. 외국인 노동자들에 대해서 우파들은 대체로 적대적이다.

강 _ 난 다르다. 인구 감소, 저출산 문제 해결책은 출산 장려와 이민 정책 두 가지다. 이민을 배타적으로 볼 게 아니다. 노동자들끼리의 경쟁을 걱정하는 시각이 있는데, 그런 것조차도 통일되면 해결된다. 노동력은 어차피 부족하다. 지금은 단순 노동 일자리 가지고 좀 문제가 되고 있는데, 전체 파이가 커지면 문제가 되지 않는다.

　나는 미국식의 이민정책 내지는 그런 모델이 사회 내부적 갈등은 좀 있을지 몰라도 그런 것들을 녹여나가면서 더 큰 역할을 할 수 있다고 본다. 그렇게 해외 이민을 받아들이다 보면 그 사람들의 2세, 3세가 나오면서 한국이 아시아 전체에 진출하는 계기가 될 수 있다.

한국 기업들이 베트남에 쉽게 진출하고 정착할 수 있는 큰 이유 중의 하나가 바로 '라이따이한' 덕분이다. 중국 진출이 훨씬 쉬운 이유 중 하나도 조선족 때문이다. 굉장한 자산이다. 일본은 중국 가서 빵빵 깨지는데 한국은 가서 흑자를 낸다. 중국과 무역해서 그렇게 흑자 많이 내는 나라는 몇 개 없다.

박 _ 우리나라 경제혁신동력 중의 하나가 한반도 문제와 긴밀하게 연결이 돼 있다는 말인가.

강 _ 그렇다. 통일되면 사람들 생각이 달라진다. 기차 타고 유라시아 대륙을 횡단한다고 생각해보라. TSR, TCR 타고 모스크바, 파리까지 가는 거. 그리고 기차를 타고 베이징에서 우루무치를 통해서 실크로드를 타고 이스탄불까지. 보름쯤 걸릴 것이다. 1930년대에는 모두 기차 타고 만주를 그렇게 다녔다. 그땐 대륙을 우리 안방처럼 넘나들었다. 그때 사람들 생각의 스케일은 컸다. 그때 소설이나 시나 이런 것들 보면 대륙을 말 달리던 그런 게 너무 자연스러운데 지금 우리는 그런 생각을 전혀 못한다. 쪼그라들어있다.

박 _ 밥솥 들고 기차 타고 가다가 쉬면서 밥해 먹고.

강 _ 그렇다. 그땐 만주가 우리 땅이라 생각했었다. 너무 쉽게 갈 수 있으니까.

박 _ 예전 유행어에 '만주 개장수' 이런 말도 했었는데….

강 _ '만주변호사'도 있다.

박 _ 그건 뭔가?

강 _ 만주에 가짜 변호사가 많아서.

박 _ 음, 따지고 보면 기원전에도 알렉산드로스 대왕이 말 타고 인도 까지 갔다. 사실 옛날에는 교통수단이 말밖에 없었는데 그런 거 보면 진짜 마인드 문제인 것 같다. 십자군 전쟁 때도 유럽과 중동, 그 먼 거리를 왔다 갔다 했고.

강 _ 연결만 되어 있으면 거리는 아무것도 아니다. 사실 바다로 떨어 져 있는 일본이 더 힘들다. 유럽 대륙이 교통이 그렇게 발달했지만 영 국하고 안 섞이는 이유가 40km밖에 안 되는 도버해협 때문이다. 우리 도 대한해협 때문에 일본과는 거리감이 더 있어야 하는데 우리나라 자체도 섬처럼 되다 보니까 일본이 가장 가까운 나라가 되어버렸다.

박 _ 지금 경제위기 이야기 많이 한다. 전체적으로 불황, 금융위기, 스태그플레이션, 인플레이션, 디플레이션 그런 이야기. 거기에 대한 생각은?

강 _ 자본주의 경제체계가 시작된 이래로 불황 이야기 안 나온 적 없었다. 우리나라에서도 마찬가지다. 호황인 적 없었다. 그건 체제 자체가 원래 그렇기 때문에, 항상 잘 버는 사람들은 조용히 있고 안 되는 사람들은 죽겠다고 한다. 원래 인류 역사상 안 되는 사람이 항상 많다.

물론 전체적으로 70~90년대에 비해서는 지금 활력이 떨어진 건 사실이다. 성장률이 증명하니까. 8~9%씩 성장하던 때와 지금 2~3%대 성장 시기는 온도 차이가 날 수밖에 없다. 하지만 난 지금도 고성장이 가능하다고 생각한다. 그러나 지금 현재 상태로는 안 된다. 불황을 타개하는 방법으로 보통 예전엔 전쟁을 생각하곤 했다. 그런데 지금은 전쟁은 아니다. 우리나라의 경제에서 수요와 투자를 획기적으로 늘리는 계기는 역시 통일밖에 없다.

박 _ 경제 이야기하다 보니 생각나는데 최근에 독일의 보쉬 자동차 회장 인터뷰 인상적이더라. 2020년을 기점으로 전기차의 시대가 급격히 올 거라고.

강 _ 그게 전체적으로 보는 가장 스탠다드한 견해고. 조금 빠른 견해는 2015년부터 전기차로 넘어갈 것 같다고 보는 견해도 있다. 차는 다 나와 있다. 2007년에 애플에서 아이폰 처음 나왔을 때 사람들 다들 이게 무슨 필요가 있나 그랬었다. 심지어는 빌 게이츠마저도. 이건 돈 많은 사람들의 장난감에 불과할 거다. 이렇게 봤는데. 이게 사실 스마트폰과 전화기는 완전히 개념이 다른 거다. 스마트폰에서 전화통화는 앱 하나에 불과하다. 그렇게 되니까 전기자동차도 어느 순간 확 넘어갈 수 있다. 좋은 점이 많다. 일단 트랜스미션이 필요가 없고. 또 전기 요금이 싸게 먹히고.

박 _ 하여튼 가격은 절반이고 기능은 2배라고 들었다.

강 _ 가격은 절반보다 더 훨씬 낮출 수 있다. 기름값도 마찬가지고. 만일에 연비 1리터 당 10km다 치더라도 200km를 가려면 20리터가 드니까 지금 2,000원이라 쳐도 40,000원이다. 그런데 200km를 가는데 전기 충전을 시켜 놓으면 훨씬 돈이 덜 든다.

실업 문제는 칸막이로 해결되지 않는다

박 _ 최근 실업이 큰 문제다. 경제 활력의 문제이고 혁신의 문제이기도 하다. 큰 관점에선 아까 말한 부분이 해결책이겠지만, 관련해서 정년 연장에 대해선 어떻게 생각하나?

강 _ 그건 아랫돌 빼서 윗돌 괴고 그런 문제라서 청년실업 방치하자는 것과 같은 얘기다.

박 _ 그런데 최근엔 청년들의 정년연장에 대한 찬성 여론이 높아졌다. 예전에는 대결 구도로만 인식했는데 장기적으로 자기 문제로 생각하기 시작했다는 분석이다. 유럽 같은 경우, 최근 네덜란드에서도 정년을 65세에서 67세로 연장했다.

강 _ 우리가 아직 성장시대에서 벗어난 지가 얼마 안 됐다. 실업에 대해서 구체적으로 고민한 지 오래되지 않았다. 청년실업 얘기 나온 것이 기껏해야 10년 정도다. IMF 이후로 그랬다가 좀 좋아졌다가 금융위기 거치면서 지금에 이르렀다. 사실 청년실업문제는 대학교 진학률과 긴밀하게 연결되어 있다. 최근 대학진학률이 80% 수준에 이르게 되면서 직업 분포에 불균형이 심해졌다. 그것도 큰 이유라고 생각한다.

박 _ 최근 박근혜 대통령이 실업률 관련해서 의미 있는 한 가지를 했다고 보는데. 파트타임제, 한 일자리를 두 개로 나누는 것. 나름 괜찮은 방법이라는 생각이 든다.
　우리나라 일자리가 철밥통인 게 호봉제 때문인데 실제로 은행 청원경찰 하는 나이 드신 분들 보면 연봉이 8천 정도다. 호봉제가 사실은 전 세계적으로 유지되는 나라가 별로 없다. 노동 유연성의 적이다. 그 부분에 대해서, 박근혜 일자리 대책과 관련해서 어떻게 생각하나?

강 _ 일자리 문제에 대해서 유연성을 가져야 한다고 생각하는데, 그게 이제 같은 이야기를 이렇게 저렇게 바꾸는 것에 불과하다. 총량이 정해져 있는데 이걸 어떻게 나눌 것이냐? 이런 얘긴데. 자꾸 칸막이를 치면 안 된다고 생각한다. 이건 모든 문제 해결책에서 마찬가지다. 약자하고 강자가 있으니까 이건 여기에 배분하고, 이건 여기에 배분하고. 처음에 신입사원 뽑을 때도 국가유공자, 청년 여성 몇 %…. 이런 식으로 칸막이를 치면 칠수록 효율이 떨어진다. 선발 자체도 좋지 않고. 조직 입장에선 성장하려면 가장 우수한 인재를 뽑고 그 인재를 적재적소에 배치할 수 있어야 하는데 칸막이가 있으면 제대로 안 된다.

그런 거 하고 똑같이 일자리도 전체를 늘리는 방법을 강구하지 않는 이상 정년을 어떻게 할 거냐, 파트타임제로 할거냐, 호봉제 등…. 이건 전체를 늘리는 방법이 아니라 전체에서 어떻게 배분하느냐의 문제인데. 이걸 규제를 강화해서 여기저기에 칸막이를 치는 건 비효율을 불러일으킬 가능성이 굉장히 크고 부패를 일으킬 가능성도 존재한다.

호봉제처럼 그런 비정상적인 이윤이 생기는 자리라고 하면 여기서 또 부패가 생긴다. 철밥통이 되고 그 철밥통을 유지하기 위해서 노조가 만들어지고. 뭘 하든지 그걸 지키려고 하고. 제일 웃긴 게 구청에서 환경미화원 뽑는데 경쟁률이 20:1 이렇게 된다. 50kg짜리 들고 50m 뛰는 걸 대졸자들이 하고 있다. 거기가 철밥통이니까. 이렇게 철밥통으로 지켜지는 자리들을 점점 많이 만들어 가는 것이 지금 우리 경제에서 과연 바람직한가. 예전에는 맨 밑에를 지켜주는 걸 했는데 이제는 맨 밑뿐만 아니라 모든 사람들의 이익을 지키다 보니까….

해외직접투자에 지금 가장 큰 걸림돌이 강성노조다. 모든 기업들이 그렇게 얘기한다. 외국 기업들도 그렇고. 경제 활력을 위해서는 이게 좀 유연해 져야 하는 거 아닌가. 그게 안 된다면 방법은 외부에서 찾아야 하고. 일단 외부에서 찾을 수 있는 가장 좋은 방법은 통일이고. 그런 방식으로 파이 전체가 확 커지면 그런 게 좀 있어도 전체가 커지니까 상관이 없는데 자꾸 쪼그라드는데 그런 규제가 있다는 것은 바람직하지 않다.

박 _ 경제는 파이 키우는 게 있고 잘 배분하는 게 있다. 그래서 성장과 분배가 화두다. 성장이란 건 언제 될지도 모르겠고 세계의 영향도 많이 받으니까. 지금 당장 급한 건 파이 내에서의 분배다.

강 _ 정치권이나 학계에서 쉽게 생각할 수 있는 건 '규제'를 만드는 거다. 그런데 어떤 식의 규제를 만들 때 그 규제가 좋은 의도를 갖고 있다고 해서 반드시 좋은 결과가 나오는 건 아니다. 규제 반대의 대표적인 게 시카고학파인데, 그 사람들은 정부나 규제 모든 걸 도둑이라고 하니까. '시장이 아닌 모든 규제는 다 도둑이다.' 이렇게.

박 _ 그러면 구체적 사안에서 박근혜 대통령은, 구체적 정책 의지가 있는 건데, 호봉제 깨고 파트타임, 일자리 나누기 이런 거엔 동의하나?

강 _ 기본적으로 동의하지만 파트타임 하자는 건 자연스레 비정규직 늘리자는 것이다.

직업 선택은 넓은 시야와 경험이 중요하다

박 _ 입 달린 공인들이면 누구나 하는 이야기다. 우리 사회 활력이 떨어졌다. 부모들은 입으로 스티브 잡스를 원하는척하지만 실제론 공무원을 원한다.

강 _ 그것도 굉장히 언론이 만들어낸 허위의식 중 하나다. 60년대 젊은이나 지금이나 큰 차이가 없다고 본다. 그때도 안정 지향적인 사람들은 있었고 그때도 모험적인 사람들이 있었다. 뭐가 달라졌겠나.

박 _ 억지로 프레임을 만드는?

강 _ 만들어서 자꾸 무슨 세대 무슨 세대 해가지고….

흥미로운 사실이 있다. 중학생들한테 장래 희망 직업을 조사하면 선생님, 의사, 공무원이다. 이게 제일 하고 싶어하는 3대 직업인데 이것과 초등학교 교과서에 나오는 직업의 빈도 순위가 일치한다. 초등학교 교사가 백몇십 회로 제일 많고, 그다음이 의사, 그다음이 공무원이다. 책에서 본 걸로 하는 거다. 아이들에게 이 직업이 제일 익숙한 거다. 다른 직업에 대해선 잘 모른다. 그리고 바로 다음 순위가 연예인이다. 텔레비전에서 맨날 연예인만 보니까. 회사의 오너가 창업을 어떻게 하는지. 국회의원, 변호사나 뭐 이런 사람들은 뭘 하는지. 연구원들은 어떻게 해서 어떤 보람을 찾는지. 그런 거 안보니까 모른다.

그런데 우리 애들은 늘 옆에서 보니까, 옆에 앉아서 보고 심지어는 애들 공부 바쁜데도 방송국 데려가서 방송시키고 하니까. 이것저것 해보니까 굉장히 다양한 선택사항을 가지게 되는 거다. 국회 할 때도 대정부 연설할 땐 꼭 데리고 와서 보게 했다. 국회방도 구경시키고. 선거 유세할 때 선거 운동 사무실도 데려가고. 애들이 이런 걸 직접 보니까 초등학교 교사, 의사, 공무원 이런 것들을 전혀 생각하지 않는다. 이렇게 다이나믹하고 재미도 있고 돈도 적당히 벌 수 있는 이런 직업이 있다는 걸 아니까.

박 _ 시야가 넓어지는 거네.

강 _ 넓어지는 거지. 그래서 직업 체험 같은 게 중요하다고 생각한다. 직접 경험하고 봐야 한다. 많이 알면 그렇게 생각하지 않는다. 벤처 장려하고 벤처에서 스타가 만들어지면 그럴 땐 다들 벤처 한다고 그런다. 박세리 뜨니 다 골프하고. 그 박세리 키즈들이 지금 다 휘어잡고 있는 거 아니냐. 바둑도 마찬가지고.

　　그러니까 롤 모델을 잘 만들어서 띄워 주는 것도 사회가 할 중요한 일이다. 자꾸 뭐 비판하고 이럴 게 아니고. 요즘도 웹툰작가들, 웹투니스트라고 해야 하나 이런 사람들이 한 달에 몇억씩 벌고 유명해진다면 다 웹툰 그린다고 할 거다. (박_ 부모들 만화학원 보내고) 영화감독 뜬다고 하면 또 그럴 거고. 한동안 시민 단체들 떴을 때는 애들 다 시민 단체한다고 그랬다. 반기문 총장 뜨니까 다 국제기구 간다 그러고.

박 _ 그건 동의하는데 옛날에는 과학자도 상위에 랭크 됐었는데 요즘 과학자는 없다.

강 _ 그때는 과학자에 대해서 좋게 보았다. 그때 한창 그런 분위기였다. 박정희 땐 과학입국이지 않았나. 과학자들 최우선 대우해주고. 그때 박정희가 직접 외국에 있는 과학자들을 불러들여서 어떻게 했다는 그런 이야길 초등학교 수업 시간에 듣고 그랬다. 나도 초등학교 때 그런 얘기 들었다. 박정희가 직접 전화해서 '누구누구 박사, 조국을 위해 일해주시오.' 이런 거 말이다. 그래서 그들을 데려다가 반포아파트 40 몇 평짜리 하나씩 다 줬다더라. 그러면서 카이스트를 홍릉에 만들어서 출퇴근하게 하고. 그렇게 다 해주니까 '아, 과학자를 해야 대접받는구나.' 이런 생각이 들게 됐다.

그런데 이제는 과학자라고 하면 연구원, 공돌이 해가지고 회사에서 어려워지면 제일 먼저 잘리게 되고 그런 인식이 퍼지면서 고위직으로 못 올라가고, 자연스럽게 이공계 기피현상이 생기고 이러는 거다. 중국엔 지금 고위직의 40% 정도가 이공계 출신이라는데….

박 _ 그런데 우리나라 특유의 이과 홀대 현상 있지 않나. 우리 대학 갈 때만 해도 이과 우대 현상 있었는데. 공부 잘하는 애들 이과 가려고 하고. 요즘 왜 이렇게까지 됐는지 모르겠다.

강 _ 이과가 홀대라기보다는 이공계 홀대이다. 의대는 지금도 최고고.

박 _ 의대 말고 하여튼. 거기에 대해서 문제의식 있나. 문과 출신으로서.

강 _ 있다. 심각하다. 중요한 문젠데.

박 _ 내 아는 애들은 상실감 크다. 카이스트 나온 애들도.

강 _ 서울대, 카이스트 나와서 20년 가까이해도 다 6~7천 정도 받고 있으니. 자기 또래 금융계 애들은 연봉 1억 이상인데.

박 _ 전교 1, 2, 3 등 했던 애들 서울대 물리학과 가고 카이스트 가고 했거든. 그런데 지금 보면 그렇게 뭐. 많아야 연봉 7천 정도?

강 _ 과장, 차장, 부장 뭐….

박 _ 공부 꼴찌 한 애가 더….

강 _ 장사하는 애들보다 훨씬 못하고.

박 _ 권력이 있는 것도 아니고.

강 _ 아무것도 없다. 그냥 부품에 불과하다고 느낄 거다. 그런 부모들이 애들 낳으면 제일 먼저 '넌 이과 가지 마라. 갈 거면 의대 가라.' 그러니까 이게 문제인 거다.

박 _ 심지어는 이런 경향이 얼마나 광범위하냐면, 박근혜 대통령 됐을 때 박근혜가 이공계출신이라고 그런 걸로도 비토하는 분위기가 있었다.

강 _ 있었다. 문제가 뭐냐면 우리나라가 공대가 너무 많다.

박 _ 문과도 마찬가지. 우리나라에 대학이 너무 많다.

실패하더라도 좌절하지 않는 사회

강 _ 내가 볼 땐 우리나라 대학의 50%는 없어도 아무 문제 없다. 그런데 이공계 우대 말로만 해도 안되는 게, 뭘 어떻게 우대하나. 방법이 없다. 대학교에서 문과가 아니라 이과를 갔다는 이유만으로 왜 우대받나.

박 _ 아니 우대가 아니라 홀대를 안 받게 하자는 거지.

강 _ 홀대가 뭐가 있나?

박 _ 예를 들어서 CEO가 될 때도 좀 영향이 있지 않나.

강 _ 그런 식으로 하면 전문경영인의 몇 퍼센트를 이과 출신으로 해라 그런 규제를 만드는 것밖에 없다.

박 _ 그러니까 정치권에서는 전문성을 가지고 그런 거를 좀 원인 분석을 해야 한다는 거다. 그러니까 독일의 보쉬 회장이 전형적인 연구원 출신이다. 그런데 지금 10년째 사장하고 있다. 그런데 우리나라는 과연, 보쉬 회장 같은 사람이 있으면 회장을 할 수 있나?

강 _ 윤종용 부회장. 공대 나왔다. 삼성전자 같은 데서는 공대 출신이 사장이다. 그건 그러니까 그렇게 생각할 문제가 아니고, 이과를 나왔다고 하더라도 돈을 벌려면 돈을 굴리거나 벌게 하는 쪽으로 가야 한다는 거다. 안정적 직장과 높은 수익이 같이 갈 수는 없다. 이과를 나왔다고 해서 꼭 연구원이나 그런 걸 할 게 아니라 메니지먼트로 올라가야 돈을 많이 받는 거다.

메니지먼트로 올라가려면 그에 상응하는 무언가를 걸어야 하는 거다. 모험을 해야 한다. 그러니까 돈을 많이 벌고 싶으면 이과를 나오고 공대를 나왔어도 창업을 해야지. 넥슨이나 엔씨소프트 이런 곳의 CEO는 다 공대 나오고 창업해서 엄청난 부자가 된 거 아니냐. 네이버도 그렇고.

그런 어떤 전반적으로 사회에서 모험, 벤처를 하거나 창업을 하거나 이런 것에 대해서 그걸 장려하는 분위기가 있어야 한다. 단순히 이공계를 우대하자 이건 너무 뻔한 얘기고. 특별히 그걸 전공했다고 해서 우대할 이유가 뭐가 있나. 필요는 다 똑같은데.

그러니까 문과냐 이과냐가 중요한 게 아니라 문과를 나오더라도 외국에 나가서 뭔가 해보겠다, 사업을 해보겠다는. 그런데 대신에 사업에 한 번 실패를 했다 하면 다시는 못 일어서는 식이 되면 모험하기가 굉장히 어려우니까, 한두 번 실패한 후에도 다시 도전할 수 있는 그런 분위기와 제도적 장치가 필요하다.

박 _ 실패하더라도 좌절하지 않는 사회를 만들겠다 이건데, 이거 안철수 워딩하고 완전 똑같은데?

강 _ 안철수도 이 정도는 아는가 보지.

박 _ 아니 그런데 이 말은 요즘 다 한다. 3년 전부터 나온 얘기 아닌가? 이거는 신문에서도 수천 개 나온 기사다. 조금만 머리를 굴려봐도 나오는 얘기다.

강 _ 지금 우리나라는 실패를 하면 좌절하는 사회가 아니라, 아예 실패를 두려워해서 도전조차 하지 않는 사회다.

박 _ 아니, 실패하면 재기를 못하니까. 그러니까 실패를 좀 해도 패자

부활할 수 있는 사회가 되려면 지금 이 상황에서 정치인으로서 만약에 미래창조과학부 장관이나 고용노동부 장관이라면 이 젊은이들에게 어떤 말을 해주고 싶은가. 특히나 상대적 소외감을 느끼는 이과 청년 젊은이들한테.

강 _ 창업하기 쉽게 해줘야 하고.

박 _ 정치권에선 뭘 해야 하나.

강 _ 정치권에서 해답은 대충 나와 있다.

박 _ 복지?

강 _ 아니 복지가 아니라 창업을 쉽게 하고 거기에 투자 많이 해주는 분위기. 그런 것들이 필요한 거다. 그게 박근혜의 창조경제일 수도 있고. 결국 답은 다 나와 있다.

박 _ 사실 사회문제들이 답은 다 나와 있다.

강 _ 어떤 문제에 어떤 해답이 있는지 다 나와 있으니 결국 선택의 문제다. 정치인이 새로운 것을 짜낼 필요가 없다. 어떤 쪽을 선택해서 어떻게 밀고 나갈 거냐가 문제다.

박 _ 그런데 좌파에서는 기초, 보편적 사회복지가 안 돼 있으니까 나중에 실패하면 나이 들어서 폐지 주워야 할지도 모른다는 근원적인 공포가 있다고 주장한다.

강 _ 젊은 시절의 실패와 빈곤한 노후는 크게 상관이 없다고 본다.

교육문제, 경쟁력은 경쟁을 통해서 생긴다

박 _ 근본적인 교육관이나 대학 서열화에 대해 한마디 해 달라. 외국에는 대학 서열화가 많이 없다. '미국에 명문은 있지만 서열화는 없다.'라는 말도 있다.

강 _ 미국은 대학순위가 쫙 나오는 데 무슨 서열화가 없나? 대학 서열화는 사회 필요에 의해 생겨난 거라 어쩔 수 없다. 서열을 강조하고 싶은 생각은 없지만, 그게 없으면 기업이나 사회가 인재를 선발하는 데 있어서 새로운 자체기준을 만들어야 한다. 그런 부담까지 있으면 사회적 부담이 너무 커지게 된다.

박 _ 프랑스 같은 경우도 '에꼴'로 시작하는 3대 대학이 있고 중위권이 뭉텅이로 있고 한다.

강 _ 그 중위권 내에서도 졸업을 제때 했느냐, 몇 년 후에 했느냐 다 구분되게 돼 있다.

박 _ 우리나라처럼 대학을 브랜드가 규정하는 건 아니다. 우리나라 서열화가 심하지 않나.

강 _ 그런데 뭐 프랑스도 보면 유력한 사람들은 다 에꼴 나왔던데.

박 _ 인정한다. 에꼴 출신은 아예 엘리트로 키우려고 하는 거고.

강 _ 프랑스에선 거길 나와야 엘리트라 불리고 거길 나온 사람이 아니면 엘리트라고 말 안 한다.

박 _ 내가 볼 땐 프랑스 같은 방식을 채택하게 되면 결국 엘리트가 보장이 되고 육성이 된다는 느낌이다. 나머지는 평화롭게 살고.

강 _ 영국도 그렇다.

박 _ 그런데 그게 사실은 사회적 비용이나 효율 등을 따지면 합리적인 거라고 볼 수도 있다.

강 _ 경쟁력은 경쟁을 통해서 생긴다. 경쟁은 비슷한 조건과 비슷한 환경 속에서 해야 한다. 근데 공부 잘하는 애와 못하는 애를 붙여두면 하향 평준화가 될 수밖에 없다. 그게 일반 중학교, 고등학교의 문제점이다.

박 _ 곽노현 교육감이 특목고 폐지 주장해놓고 자기 아들은 특목고 보냈다. 이 부분에 대해서 이철희는 '개인과 시스템은 다르다'고 했다. 강용석은 동의 안 하지 않나? 위선적이라 보는 건가?

강 _ 한국 좌파인사들이 옳은 말을 해도 영향력이 없는 건 바로 이런 것들 때문이다. 말과 행동이 일치하지 않는다. 우파는 나쁜 짓 해도 크게 욕 안 먹는다. 평소에도 그렇게 이상한 말 안 한다. 그냥 자기 잘난 맛에 살고 자기 출세 위해 사니까 나쁜 놈일 뿐이지 배신자나 위선자는 아니다. 그런데 이 사람들은 말은 그럴듯하게 하면서 하는 행동 보면 엉뚱하게 하니까.

건강보험과 국민연금

박 _ 건강보험 제도와 국민연금에 대한 생각은 어떤가?

강 _ 건강보험 제도는 한국이 세계에서 최고 수준이라고 생각한다.

박 _ 바람직하다?

강 _ 물론 문제점이 있겠지만, 사실 매우 싼 비용에 전 국민이 보험혜택을 받고 있다. (박_ 유럽에서도 부러워한다는 말이 있다.) 전 세계에서 최고다. 지금 적절하게 의사들의 반발을 통제하면서 이 제도를 유지하고 있다.

박 _ 내가 대통령이라면 이 제도는 당분간 유지하겠다?

강 _ 어떻게든 땜빵을 하든 해서 유지해야지. 건강보험 제도는.
국민연금은 주요선진국들 중에서 가장 늦게 시작한 편이라서 오히려 가장 우수한 제도다. 지금 국민연금이 고갈되니 어쩌니 하는 데 그건 연금 학자들이 과장하는 거다. 유럽처럼 아예 고갈될 돈도 없이 그해마다 주는 나라도 있다. 우리는 지금 그걸 자기가 평생 쌓아서 받겠다는 제도로 돼 있다.

그런데 지금은 쌓느냐 안 쌓느냐보다는 국민연금의 모럴 해저드가 제일 문제다. 국민연금공단이 돈을 너무 많이 갖게 되기 때문에 지금 금융권에서는 국민연금이 '울트라 슈퍼 갑'이다. 지금 400조를 운영하는데 이게 전국에서 가장 규모가 크다. 그러니까 연금공단이 이 자금을 누구에게 투자하느냐 이런 것 때문에…. 국민연금에 대해서는 국민적 통제가 필요하다.

박 _ 국민적 통제의 방식은 어떤 게 있나?

강 _ 국회가 통제를 하든지 해야 한다. 금액이 무려 400조인데 우리나라 1년 예산이 360조이니 400조를 운영하는 건 엄청나게 큰 일이다. 그게 다 국민들 돈인데 이거 만약에 손실이 나거나 제대로 이익 못 내거나 하면 국민들이 많은 부담을 져야 하게 되니까.

박 _ 국민연금이 현재 조세 수준은 아니다. 건강보험은 안 내면 압류가 들어가고 이런 세금 수준인데, 국민연금은 강제사항은 아니지 않나.

강 _ 아니다. 이제 강제화됐다. 4대 보험이 이제 거의 비슷하게 됐다.

박 _ 한국은 선진국 반열에 올랐다고 보나?

강 _ 그렇다. 복지체계도 그렇고 선진국 수준이다. 북유럽하고 비교해도 실업수당이나 노년 수당이나 이런 거 여러 가지 감안하면 큰 차이 안 난다. 2000년대 들어와서 우리가 느끼지 못하는 사이에 굉장히 뭐가 많이 생기고 바뀌어서 비슷해 졌더라. 유럽 쪽은 경제 상황이 안 좋고 그러니까 자꾸 깎고 그래서 많이 비슷해 졌다. 지금 독일하고, 프랑스도 위험하다. 영국은 진작에 많이 깎아가지고 우리랑 비슷하고.

박 _ 영국은 미국이랑 비슷하다.

강 _ 영국은 건강보험이 우리보다 확 뒤진다.

박 _ 설계도 되게 안 좋다더라. 오래 기다려야 하고.

강 _ 객관적인 기준으로 놓고 보면 우리나라는 많이 좋아진 상태다. 그러니까 그렇게 외국인이 늘어난다. 샘 해밍턴도 와서 쭉 눌러살고.

박 _ 개인적으로 놀랐던 일이 있었는데, 내가 아는 네덜란드 애가 교환학생을 할 때 한국과 캐나다 둘 중에 한 군데를 선택할 수 있었다고 한다. 그런데 고민을 하다가 결국 한국을 선택했단다. 이거 옛날 같으면 상상도 못한다. 그만큼 우리나라가 지금….

강 _ 그 핀란드 말 잘하는 여자.

박 _ 그때 방송에서 '한국 부자잖아요.' 했던.

강 _ 한국에 너무 와보고 싶었다더라.

박 _ 사실 외국에서 볼 때는 우리가 스스로 비하하고 있는 것 같기도 하고….

강 _ "직접 와보니까 생각했던 한국하고 어때요." 그랬더니 생각했던 것보다 더 좋다고 하더라. 굉장히 활력이 넘치고 밤에 갈 데가 많다는 게 좋다고 생각하고, 밤에 술 많이 마시고도 다음 날 사람들이 일 열심히 하는 거 보면 신기하기도 하고.

박 _ 그러니까 우리가 외국 잘 안 나가 봐서, 우리 스스로가 외국 동경하고 그래서 그렇지.

강 _ 외국 나가면 제일 갑갑한 게 밤에 할 게 없다는 거.

박 _ 그렇다. 그리고 외국 나가서 옛날 같으면 막연하게 프랑스 좋다고 생각하지만, 아니다. 우리가 훨씬 더 편하고.

강 _ 다른 동네는 재미가 없다.

박 _ 활력이 떨어진다. 이런 게 북유럽 위주로 사회적 화두란다. 그런데 우리나라 보면 그런대로 활력도 넘치고.

강 _ 사람 마음이 다 똑같다. 가족하고 행복하게 지내는 것도 하루 이틀이지.

박 _ 그렇다. 평화롭게 사는 것도 하루 이틀이다.

강 _ 우리처럼 적절하게 유지해 나가는 게 좋은 거다.

대통령은 주요과제에 집중해야 한다

박 _ 우리나라에 수많은 님비현상이 있다. 자신에게 사회 여러 이해관계를 조정할 능력이 있다고 생각하나?

강 _ 그런 거 없다.

박 _ 갈등 조정을 위해 법뿐만 아니라 가서 설득하고 매체를 이용하겠다 하는 그런 자기만의 생각이 없나?

강 _ 내 생각에 이제 모든 사회 분야가 복잡해지고 규모가 커져서 만기친람(萬機親覽)할 수 없다. 대통령이 모든 현장에 갈 수도 없고 그렇게 되지도 않는다. 기간도 짧아서 5년이라는 기간 안에 할 수 있는 게 한계가 있다. 그래서 5년 안에 할 수 있는 한두 가지, 주요과제에 집중해야 한다.

박 _ 그 말이 옳을지라도 국민이 듣기에는 다소 무책임하게 들릴 수 있다.

강 _ 예를 들어 방폐장 같은 문제는 대통령이 직접 나서도 해결이 안 된다.

박 _ 맞는 말인데, 국민들한테는 원론적인 말이라도….

강 _ 옛날 같으면 드르륵 밀어버리고 가서 하지 않았겠나?

박 _ 지금은 그게 안 되니까…. 참여정부 때는 토론해서 했다.

강 _ 결국 토론이고 뭐고 간에 돈을 줘야 한다. 그래서 경주에 3,000

억 원 준 거 아닌가.

박 _ 결과적으로 그렇게라도 해결을 한 거 아닌가.

강 _ 그런데 그 3,000억이 어디서 나서 누구에게 주나? 결국 많이 우
는 사람한테 준 거 아니냐.

박 _ 아, 너무 솔직해서….

강 _ 아니 솔직한 걸 떠나서, 그거 이해 못 하는 사람이 있나.

박 _ 그럼 내각에 대한 문제의식이나 생각은 있나. 내각을 꾸리는 스
타일에 대한 평가 같은 것도 좋다.

강 _ 대표적으로 인상에 남는 건 적을 포용해서 갖다 꽂는 방식으로
오바마가 힐러리를 데려다가 국무장관 임명하는 거였다. 그런 식으로
정적을 포용해서 통합내각을 꾸릴 것인가, 아니면 자기와 원래 일했
던 사람들 데려와서 편한 사람들과 함께 효율적으로 빨리빨리 일을
진행해 뭔가를 성취해 낼 거냐, 혹은 이 두 가지를 적절하게 버무릴
거냐 이런 문제다. 일장일단이 있다. 시대상황에 맞춰서 혹은 그때그
때 필요에 따라서 조화롭게 하면 된다.

이를테면 국민들에게 통합적 내각을 보여줄 필요가 있을 때는 상징적으로 그런 사람들을 데려와서 꾸리거나 그런 걸 하면 된다. 그렇지 않고 단기적 목표가 있어 꼭 달성해야 하는 일이 있다면 그 일에 적합하면서도 나와 호흡이 잘 맞는 사람을 데려와 꾸리면 된다. 그 두 개를 적절하게 믹스해야 하는 경우도 있겠고. 내가 원하는 목표가 만약 통일외교, 안보 이쪽에서 뭔가 성취를 내는 거라고 한다면 그쪽에 내가 믿고 쓸 수 있는 사람을 꽂는 대신에 그렇지 않은 부분에 있어서는 통합적인 성격을 강조해서 지역 안배, 야당인사 등 여러 가지 형태로 내각을 꾸려나갈 수 있는 방법이 있다.

하여간 내각을 어떻게 꾸리느냐는 그 정부의 성격을 그대로 드러내는 것이기 때문에 신중히 잘해야 한다. 더군다나 청문회 이런 것도 있으니까 나가떨어지지 않을 사람, 그런 것도 신경 써야 하고. 인사라는 게 어떻게 보면 종합 예술이다.

박 _ 인사가 만사다?

강 _ 만사까지는 아니고.

박 _ 중요하다? 그런데 원론적으로 원칙은 그렇다?

강 _ 기본적인 원칙이라는 걸 공개하는 것도 필요하다. 당시 시대상황과 그런 거에 맞춰서. 그런 건 픽스 된 게 없다.

나의 정치 멘토

박 _ 강용석에게 정치 멘토는 있나?

강 _ 현재 우리나라엔 딱히 없다. 외국에서 찾는다면 윈스턴 처칠 (Churchill)과 마거릿 대처(Thatcher)다. 처칠은 제2차 세계대전 직전 나치 독일의 위험성을 경고했고, 대처는 극우파로 몰리면서까지 자신의 소신을 지켰다. 그런 부분을 높이 산다. 하지만 난 체질적으로 멘토를 두는 스타일은 아니다. 나는 정치에서 누구 따라가진 말아야 하겠다는 생각을 많이 한다. 동조하거나 추종하거나 그런 건 결국 아류밖에 안 된다. 나만의 길을 가는 것이 중요하다. 처칠이 대표적인 케이스이다.

박 _ 구체적으로 어떤 케이스를 말하나?

강 _ 1930년대 처칠은 체임벌린으로 대변되는 독일과의 평화공존 정책에[1] 반기를 들고, '독일이 언젠가는 전쟁을 일으킬 것이다.'라는 주장을 계속했다. 결국 2차 세계대전이 일어나고 나서 처칠은 수상이

된다. 그런 비주류의 길을 걷더라도 소신 있게 정견을 주장하면 언젠
간 사람들이 알아줄 것이라는, 그런 케이스를 말한다.

박 _ 강용석과 처칠, 둘을 놓고 보니 처칠도 젊을 때 많이 실패했다는
사실이 떠오른다.

강 _ 젊은 시절을 실패로 보기 어려운 게 의원은 굉장히 빨리 됐다.
34살 인가 35살 인가에 하원의원이 됐다.

박 _ 그 이후에 계속 실패….

강 _ 그 이후에 계속 실패했지. 1차 세계대전에서 해군장관 맡아서 패
전의 책임을 지라는 공격도 받았고… 패전 책임 때문에 거의 20년간
그의 타이틀은 '1차 대전의 패장'이었다.

박 _ 그게 제일 크다. 혹시 처칠의 오랜 실패 때문에 동질감을 느끼기
도 하나?

---

1) 체임벌린 총리의 유화정책
제2차 세계대전 직전 체임벌린 총리가 추구했던 유화정책이다. 1937년 총리로 취임한
네빌 체임벌린은 계속된 군비감축으로 취약해진 국방력을 안고 출범했다. 당시 독일도
주변 열강을 제압할 충분한 군사력이 없었다. 그러나 히틀러는 영·프 양국의 유화 분위
기를 깨닫고, 1938년 9월 독일과 접경한 체코 북서부의 '주데텐란트' 지역을 할양하라고
요구하는 승부수를 던졌다. 당사국인 체코는 동맹국이던 프랑스와 함께 강경한 입장이

강 _ 그렇다.

박 _ 대처 같은 경우도?

강 _ 똑같다. 대처가 옥스퍼드 다니던 50년대 후반, 영국의 전반적인 사회적 분위기는 완전히 왼쪽으로 기울었다. 심지어는 옥스퍼드 대학교 전체에서 보수우파는 대처 하나란 이야기가 있었을 정도로.

박 _ 음, 자꾸 철의 정치인들 좋아한다고 하면 중도 지지자들이 서운해 할 수 있으니까, 혹시 좌파진보 정치인들 중에 국내외 막론하고 인정하는 정치인은 있나? 대통령이 되려면 좌우를 아울러야 하니까.

강 _ 미테랑 정도.

박 _ 미테랑의 어떤 부분?

강 _ 미테랑이 굉장히 유연한 대통령이었는데… 미테랑은 프랑스 사

___

었으나, 영국은 히틀러의 말을 믿고 독일과의 관계 경색을 반대했다. '뮌헨 회담'으로 프랑스도 발을 빼고 체코는 주데텐란트 지역을 할양할 수밖에 없었다. 하지만 히틀러는 주데텐란트 흡수에 이어 다음 해 3월 체코 전역을 침공, 점령했다. 히틀러는 여기에 만족하지 않고 똑같은 수법으로 폴란드를 위협했고, 폴란드가 굴복하지 않자 결국 전쟁이 일어났다. 이 모든 사태를 예언하고 경고했던 윈스턴 처칠은 영국 수상의 자리에 올라 히틀러에 맞서 싸웠다.

회당의 당수였다. 프랑스 사회당이 미테랑 시절에 제일 강했다고 알려졌다. 대신 자기가 집권하고 있으면서 약해졌을 때 코아비타시옹[2]을 받아들이고 자크 시라크의 문제점을 국민들에게 자연스레 알림으로써 재집권에 성공했다. 미테랑이 80년에 집권해서 14년 했다. 85년에 코아비타시옹을 했는데, 시라크가 계속 못 해서 87년 대선에서 또 당선 됐다.

강하지만 실용적으로 유연하게

박 _ 자신이 지향하는 정치 스타일에 대해 이야기하는 것 같다. 강하지만 실용적으로 유연하게 하고 싶다?

강 _ 그렇다. 되는 게 중요한 게 아니고 되고 나서 어떻게 할 것인가가 중요하다. 우리나라 대통령들의 제일 큰 문제는 될 때까지 너무 진을 빼는 바람에 정작 되고 나선 능력을 발휘할 여력이 없다는 것이다. 박정희에 대한 평가가 좋은 이유 중 하나는, 그는 될 때까진 무명이었기 때문이라는 생각도 했다.

---

2) 코아비타시옹(Cohabitation)
프랑스어로 '동거'란 뜻이다. 프랑스와 같은 이원집정부제 국가에서 등장하는 정부 형태로, 여당과 의회 다수당이 다를 경우에, 대통령이 의회 다수당 출신의 인사를 총리로 기용함으로써 구성하는 연립 정부를 말한다. 이 경우 여당의 대통령은 국방과 외교를 맡고, 총리는 나머지 분야를 담당한다.

박 _ 색다르고 신선한 분석이다. 그런데 처칠이나 대처 같은 경우는 확실히 소신을 밀고 갔다 말할 수 있는데, 지금 강용석은 사실 밀고 가는 소신이 있다고 말하기 좀 어렵지 않나?

강 _ 그걸 발휘할 기회가 없었다는 생각이다. 아직 정치적으로 무명이다. 기회가 오면 제대로 된 소신을 보여줄 수 있다. 지금은 대중들에게 바라는 건 그런 잠재력을 봐달라는 거다.

박 _ 그럼 우리나라의 소위 진보좌파 정치인들 중에 인정할만한 사람은 있나?

강 _ 정계 은퇴해서 말하기가 좀 그런데, 유시민이다.

박 _ 유시민에 대한 평가는?

강 _ 난 유시민이 쓴 책은 많이 읽어봤다. 《어떻게 살 것인가》나 《청춘의 독서》도 읽어봤고 《거꾸로 읽는 세계사》도 옛날에 읽어봤다. 그가 낸 책은 꼼꼼히 읽지는 못해도 챙겨보는 편이다. 대한민국 정치인 중그 정도로 글을 쓸 수 있는 사람은 없을 거 같다. 생각나는 사람이 없거든. 사실 대한민국 정치인 중에 책을 쓰는데 자기가 쓰는 사람도별로 없을 거다.

박 _ 유시민과 직접 만나면 '정치하시지' 그렇게 말할 의향도 있나?

강 _ 내가 얘기 안 해도 유시민은 언젠가 다시 정치할 거 같다. 서태지의 은퇴하고 비슷한 것 같아서….

강용석의 정치권 진입 전망

박 _ 강용석의 이후 정치 전망은 어떤가? 국회의원, 서울시장, 입각 등의 길이 있을 텐데.

강 _ 저번 월간조선 인터뷰에서 내년 서울시장 출마 여부를 묻더라. 그래서 왜 이러나, 월간조선이 왜 이렇게 많이 나가나 싶었다. 그런데 〈썰전〉 작가진들도 그 부분을 자주 묻는다. "서울시장 되면 우리 어떡할 거냐?"(웃음) "오세훈은 서울시장 되니까 '그것이 알고 싶다' 메인작가를 서울시로 데려갔었다"는 둥. 아직 답할 수 있는 질문이 아니다.

박 _ 대답하긴 곤란하겠지만 묻는 건 편하다. 자, 서울시장은 할 생각 있나?

강 _ 나는 끊임없이 정계 복귀의사를 표현했으니 요구가 있으면 가는 거고 아니면 기다리는 거다.

박 _ 서울시장에 출마할 거란 얘기가 돌긴 돌더라.

강 _ 내년에 나간다면 순전히 운이고, 2020년 지나서 나간다면 그건 기획이다. 내년에 출마하려면 이미 올해 초부터 움직여야 했다. 2006년 지방선거 때 원외 당직을 맡았던 덕에 서울시장 출마 과정을 자세히 지켜볼 기회가 있었다. 맹형규·홍준표 같은 거물급이 그렇게 오랫동안 준비했는데도 당시 열린우리당이 강금실 카드를 내놓자 한나라당은 결국 오세훈을 선택했다. 운과 준비가 모두 필요하다. 쉽지 않다. 의지가 있느냐는 질문에는 굳이 부정하진 않겠지만 나에게 그런 운과 기회가 과연 오겠나.

박 _ 개인적으로 서울시장과 국회의원 중 어디에 더 비중을 두고 있나?

강 _ 안철수도 하는 게 국회의원인데 내가 다시 못할까.

대통령의 자격

박 _ 잘 알겠다. 그리고 대통령이 되겠다는 '꿈'을 때때로 피력했는데, 대한민국에서 대통령의 자격은 무엇이라고 생각하나?

강 _ 대통령은 예언자로서 능력이 있어야 한다. 예언뿐만 아니라 그걸 성취할 수 있는 비전이 있어야 한다. 또 조직하고 활동해서 그 비전을 실현할 수 있는 능력이 필요하다. 그리고 그걸 뒷감당하고 정리해서 마무리할 수 있는 능력, 그걸 다 갖춰야 대통령의 자격이 있다. 그런데 이걸 하나라도 제대로 하면 성공한 대통령이다.

이명박의 '747'처럼 황당한 예언을 하면 안 된다. 박정희는 다른 건 몰라도 경제성장으로 '쌀밥에 고깃국'을 실현했다는 점에서 성공한 대통령이다. 한반도 역사상 최초의 일이었다. 김대중도 그런 면에서 성공한 측면이 있다. 어쨌거나 남북문제 관련해서 예언했고 나름 업적을 남겼다. 김대중은 남북 정상이 만나야 한다는 이야기를 80년대 초부터 했다. 그게 국보법 위반의 단초였다. 남북 정상이 만나서 통일과 관련된 이야기를 해야 한다 했고 그것과 관련해서 구체적으로 접근했으며 실제로 집권기간 중에 만나서 성명까지 나왔고, 통일은 안 됐지만 통일과 관련해 가장 큰 것을 한 대통령이 김대중이다. 그런 면에서는 성공했다.

내가 볼 때는 이승만, 박정희, 김대중이 내가 말한 그런 취지에서 제일 성공한 대통령이다. 이승만도 독립을 해야 한다고 평생 이야기했고 생전에 독립을 했다. 이승만 대신 김구가 대통령이 돼야 했다는 사람들도 있지만 내 생각은 다르다. 이승만은 일제강점기 36년 내내 온 국민이 생각하는 대통령이었다. 그래서 해방되자마자 대통령이 됐고 어찌 됐건 정부를 수립하여 토지개혁이든 뭐든 해서 정부를 유지했다. 그게 이승만의 역할이었다.

나의 대통령으로서의 시뮬레이션은 이렇다. 이른 시일 내에 통일은 가능하다는 것이 나의 예언이고, 통일을 위해서 어떻게 해야 한다는 나의 구체적인 생각이 나의 비전이고, 또 실제로 통일을 성취하고, 통일국가 한국을 우리 세대 내에서 완성하는 것이 그 마무리다. 동북아시아에서 한·중·일이 3각 관계를 정립할 수 있는 그 상황을, 나는 만들 수 있다.

박 _ 내가 안티로 바뀌어서 물어보면, 대체 뭘 믿고 그런 자신감을 갖게 되었나?

강 _ 앞으로 차근차근 보여주겠다. 그걸 잘 보여주면 대통령이 되는 거고 아니면 못 되는 거다. 이 책도 그런 거 아니냐. 강용석에게 '생각'이 있다는 것을 보여주기 시작하는 것.

박 _ 정치인 강용석은 전반적으로 세가 부족하지 않나? 정당 말고 개인적인 세력. 여기에 대해 어떻게 생각하나?

강 _ 정치 현실이 예전과 많이 달라졌다. 아주 예전엔 다수당의 다수가 세를 장악했다. 다수당의 소수가 세를 장악한 게 김영삼이고, 소수당의 다수가 세를 장악한 게 김대중이다. 그리고 소수당의 소수파가 장악한 게 노무현이었고. 더군다나 이제 안철수는 당도 없는데 떠오르고 있다. 이런 추세를 보면, 지금 정치인의 세력이라는 것은 오랫동안 정치하면서 정치적 동지들을 규합하는 그런 것이 아니라, 대중과 정치인이 얼마나 밀접하게 소통하느냐다. 예전에는 언론을 통해 그런 식의 관계를 형성할 수가 없었다.

나는 깜짝 놀랐다. 어떤 사안이 생겼을 때 자발적으로 비판하고 또 거기에 대항해서 옹호해주는 댓글들. 나에게 무슨 세가 있어서 그런 댓글이 몇천 개씩 달렸겠나. 이제 그런 식으로 꼭 정당에서 하지 않더라도 세가 생긴다. 예전에는 주로 여의도에 대중을 동원했다. 박철언이 '월계수회'를 조직해서 노태우 연설 때 거의 150만 명을 모았다. 요즘 그렇게 하려면 돈만 들고 별 의미가 없다.

박 _ 그런데 요즘은 노사모처럼 '막연한 대중적 조직'이 가지는 한계가 있어 보인다. 아, 노무현 정권이 실패한 것을 이런 관점에서 보는 사람도 있다. 비서관도 제대로 다 못 채울 정도로 제대로 된 인맥이 없었다는 것.

강 _ 인맥?

박 _ 그렇다. 인맥 또는 오피니언 리더 중에서 굳건한 지지 인사들.

강 _ 그건 내가 안철수보다 많다. 학벌도 괜찮고 하버드 총동창회 총무도 6년 했다. 방송계, 법조계, 학계 망라해서 활동도 많이 하는 편이다.

박 _ 그런 심정적 지지층들 말고, 적극적 지지층도 자신 있나?

강 _ 적극적 지지층은 모으면 모이는 거다. 내가 한다면 모인다.

앞으로 특별한 계획은?

박 _ 혹시 팟캐스트나 토크 콘서트 계획 같은 건 없나?

강 _ 팟캐스트는 몰라도 토크 콘서트는 할지도 모르겠다. 계획을 좀 하고 있는데… 왜냐하면 강연 요청을 종종 받는데, 그건 그쪽에서 듣고 싶은 얘기를 해달라는 거다. 온전히 그렇진 않더라도 어느 정도 맞춰줘야 하니까. 그래서 내가 하고 싶은 이야기들을 하는 면에서 토크 콘서트 같은 것을 하고 싶다. 강연인데 재미있게 할 수 있는 형식으로.

박 _ 혼자 하는 건가? 아니면 둘이서?

강 _ 혼자도 할 수 있고, 같이도 할 수 있고.

박 _ 토크 콘서트를 한다면 문제가 뭐냐면, 매번 관객이 다르기 때문에 같은 이야기를 계속해야 한다. 대학로 소극장에서 하면 150석~200석인데, 생각보다 효과가 떨어질 수 있다. 그럼 최소한 500석 정도 규모에서 해야 하는데, 그럼 콘서트로서의 잔재미가 떨어진다. 너무 크게 해도 안 되고 너무 적게 해도 신이 안 나고. 그래서 영상을 콘텐츠화하는 것이 중요하다.

강 _ 500석 정도는 돼야 하는데…

아무튼 지금 기획하고 있다. 주제는 그런 거다. '한국 정치가 왜 안 바뀌는가?' 개인적으로 마음속으로 나름 정리를 했다. 이론적으로나 실질적으로 정리했다. 사람들이 그렇게 정치에 관해 이야기를 하는데 왜 정치는 안 바뀌고 똑같은 양상을 보이느냐에 대해서.

국제정세부터 시작해서 제도나 이런 것이 얼마나 바뀌기 힘든 것인지. 역사도 이야기하고, 한 시간짜리 정도로 생각하고 있다. 질문받으면서 한 시간 반 정도. 우리나라 정치제도, 정당제도, 인구구성, 지역, 이런 문제들을 복합적으로 다룰 생각이다. 콘서트 한 회를 다 듣고 나면 '한국 정치의 문제가 그래서 그렇구나.'라고 느껴지는 콘서트가 목표다.

박 _ 음, 이거 매우 중요하고 의미 있을 것 같다. 강용석 토크 콘서트는 정서적 만족도와 지적 만족도 면에서 괜찮을 것 같다. 어쩌면 강용석에게 큰 분기점이 될 수도 있을 것 같다.

4장

독서인 강용석

> **"**
> 어렵고 힘들 때 책을 읽는 버릇이 생겨 위기상황이나
> 침체기에 책을 본다. 책 보면서 시간을 보내다 보면
> 또 상황이 바뀌어서 좋아지곤 했다.
> **"**

나의 취미는 음악, 영화 그리고 책

박 _ 인생의 모토나 좌우명은 있나?

강 _ 난 그런 말 나오면 별 할 말이 없더라. 폐 끼치지 말자, 착하게
살자, 뭐 그런 정도다.

박 _ 학창시절 운동 같은 건 했나?

강 _ 전혀, 운동은 전혀 못한다. 골프 쳐 봤는데 못 치겠더라. 운동에
소질이 없다. 난 그저 숨쉬기하고 걷기 그런 거 조금 하는 정도다.

박 _ 그럼 취미나 특기는?

강 _ 별다른 특기는 없고 취미로 음악 듣고 영화 보고 책 읽는다.

박 _ 음악은 전에 블로그 보니까 80년대 팝 좋아하던데 아끼는 애청곡은?

강 _ 요즘은 가요 많이 듣고, 최근까지 제일 많이 들었던 건 재즈다.

박 _ '마일즈 데이비스'도 보인다.

강 _ 마일즈 데이비스는 기본이고 재즈를 많이 들었다. 클래식도 많이 듣고 있고.

박 _ 음악은 어릴 때 라디오로 듣기 시작했나?

강 _ 그렇지. 중2 때 〈The Eagles Greatest Hits Vol.2〉를 처음 사서 들었는데, 그때 레코드판 가격이 1,200원이었다. 한 달 용돈 다 투자한 거였다. 당시는 두세 달 만에 하나씩 샀다.

박 _ 그 앨범에선 무슨 노래를 특별히 좋아했나?

강 _ '호텔 캘리포니아(Hotel California)'지. 그 노래 잘 부른다. 외국에서 부른 적 있었는데 전 세계적으로 인정받았다. 하하.

박 _ 옛날 어릴 때 듣던 것들 중 최근까지 듣게 되는 팝송은 뭐가 있나?

강 _ 비틀즈.

박 _ 비틀즈 중에서 특별히 좋아하는 노래는?

강 _ '아이 윌(I Will)'도 좋아하고, '화이트 앨범', '렛잇비 앨범', 남들 듣는 거 다 좋아한다. 비틀즈가 대충 10년 동안 활동했고, 230~240 곡 정도 냈지 아마? 그래서 비틀즈 매니아들은 그중에 몇 곡이나 아냐? 그렇게 묻더라고.

박 _ 참고로 나는 다 안다.

강 _ 요새는 전 앨범이 다 나왔지. 요즘은 바빠서 별로 못 들었다. 옛날에 비틀즈 들을 때, 80년대까지 한국에 나왔던 건 다 알았다. 그때까지 나왔던 게 130곡 정도였다. 80년대 말에 무라카미 하루키의 《상실의 시대》라는 책이 나왔는데, 이게 '노르웨이의 숲'이라는 비틀즈의 노래 제목을 원제로 하고 있다고 하는데 난 모르겠더라. 그때는 그 곡이 한국에 없었다. 나중에 들어보니까 내 취향은 아니더라고.

박 _ 비틀즈 원곡은 영화에도 못 쓰게 하는 걸로 유명하다.

강 _ 아! 안 그래도 그것 때문에 술 먹다가 싸웠다. 지난주엔가 김태훈 씨, 허지웅 씨, 〈고소한 19〉 남수희 작가와 함께 술자리를 가졌다. 술자리에서 남수희 작가가 《상실의 시대》가 일본에서 영화화됐는데, 그 영화에서 '노르웨이안 우드(Norwegian Wood)' 원곡을 썼다는 거야. 그런데 김태훈은 자기가 한국 EMI에서 8년 있었는데 말이 안 된다, '일본 EMI가 어떻게?' 그랬다. 그래서 검색해 봐도 안 나오는 거야. 근데 남수희 작가가 그 다음 날 영화 컷을 사진을 찍어 보냈다. 딱 한 곡 썼다고 한다. 전 세계적으로 영화에서 비틀즈 원곡을 넣은 건 진짜 유일한 케이스라고 하더라. 영화는 별로인데….

박 _ 나도 처음 들은 이야기다.

스팅, 사랑해 파리, 투 룸 위드 러브

박 _ 인상 깊었던 영화는 무엇인가?

강 _ 예전에 봤던 것 중에 충격적이라고 생각했던 건 〈스팅〉이었다. 1971년 작인데 내가 고등학생 때인 1985년에 봤던 영화다. 이거 처음 보고 '이렇게도 구성할 수 있구나!'라는 생각을 했다.

박 _ 사기술에 감탄도 하고.

강 _ 그런데 그 뒤에 보니까 그런 영화 무지 많이 나왔다. 나머진 다 〈스팅〉의 아류가 아닌가 생각된다. 〈범죄의 재구성〉도 〈스팅〉을 똑같이 만들어 놓은 것이다. 〈도둑들〉도 그렇고. 최동훈 감독의 영화가 다 그런 식인 것 같다. 심지어 〈전우치〉까지도 앞뒤가 물리는 구성이고 〈타짜〉도 그렇다.

최근 본 것 중에 인상 깊었던 영화는 크리스토퍼 놀란 감독의 〈인셉션〉이다. 그전의 〈메멘토〉도 좋았다.

박 _ 눈물 나고 가슴 아픈 감동적인 영화는 좋아하지 않나?

강 _ 영화 보고 눈물을 많이 흘린다. 심지어 어제 MBC TV 〈진짜 사나이〉를 보는데, 교관이 "가장 하고 싶은 체조가 몇 번입니까?" 하니 샘이 8번(온몸 비틀기)이라더라. 같이 훈련받던 다른 동료들을 생각하니 눈물이 났다. 출연자들이 빗속에서 막 구르는데, 내가 그 화산 유격장에서 유격했다. 그런데 많이 바뀌었더라. 참호에 들어간다든지 물속에서 싸우고 이런 건 거의 없었다. 화산유격장이란 말을 듣는 순간부터 가슴이 뭉클했다.

나는 사실 〈러브 액츄얼리〉 같은 그런 영화 좋아한다. 따뜻한 영화. 비슷한 옴니버스 스타일의 영화도 좋아하는데, 한국영화 중에서 〈내 생애 가장 아름다운 일주일〉도 좋았다. 나탈리 포트만 나오는 〈사랑해, 파리〉도 좋았다. 배우들 보는 재미가 있었고, 제라르 드빠르디유 언제 나오나 하고 봤다.

박 _ 우디 앨런 영화는 좋아하나?

강 _ 최근에 〈투 룸 위드 러브 (To Rome with Love)〉 봤다. 평범한 사람에게 어느 날 갑자기 기자들이 몰려와서 "오늘 아침에 뭐 먹었느냐, 지금 내의는 무슨 색을 입고 있느냐?" 하면서 막 귀찮게 구는 거다. 그리고 어느 순간 이제 막 익숙해지려고 하는데 언론의 관심이 딴 사람한테 확 넘어간다. 그런 설정이 기억에 남았다.

박 _ 〈썰전〉에서도 비슷한 이야기 하지 않았나?

강 _ 〈트루먼 쇼〉 이야기하면서 대중의 관심은 종잡을 수 없다는 이야기를 한 적이 있다.

작가의 꿈은 접었다

박 _ 아이들 책꽂이에 책을 배치해 놓은 것이 인상적이다. 중학생 방 책꽂이에 사마천의 《사기》, 플라톤의 《국가》, 헤로도토스의 《역사》, 호머의 《오디세이》 등이 놓여있는 게 눈에 띈다.

강 _ 이런 건 내가 다 배치한 거다. 이런 책들을 읽으라는 무언의 권유다. 사실은 나도 다 안 읽었다. 애들 외할아버지가 이지성의 《리딩으로 리드하라》라는 책을 보고 사서 보낸 것들이다.

박 _ 순서가 딱 그거더라.

강 _ 장인어른이 그걸 한 번 읽더니 그 책을 세트로 보냈다. 이지성 책이 별 내용 없이 살만 많이 붙어있는 대표적인 케이스인데, 하여간 책은 많이 읽어서….

　나는 저 책들 중에서 제일 좋은 게 플라톤이다. 플라톤의 책에선 대개 소크라테스가 주인공이다. 그런데 처음에 소크라테스와 다른 사람들이 모여서 얘기를 하는 장면이 나온다. 40대 초반의 소크라테스가 주인공인데, 거기서 60대 할아버지가 하는 얘기가 있다. 2,500년 전의 노인이 하는 이야기인 데도 참고 해야겠다는 생각이 들었던 부분인데, 바로 '노년에 제일 필요한 게 뭔가? 돈이다.'라는 대목이다.

박 _ 옛날이나 지금이나….

강 _ 똑같은 거다. 노인은 '노년무전'이 제일 비참한 거다.(웃음)

박 _ 키케로의 《노년에 대해서》를 읽어봐도 그렇다. 여행 다니면서 작가를 하고 싶다는 꿈도 이야기하지 않았나?

강 _ 그건 제일 부러운 것이다. 여행 다니면서 글 쓰는 거. 제일 부러웠던 사람이 무라카미 하루키였다. 이 사람이 여기저기 전 세계를 돌아다니면서, 그러니까 그리스에서 6개월, 로마에서 1년, 보스턴에 가서 2년 있다가 하면서 사는 게 너무 부러운 거야. 무라카미 하루키가 대단하다고 느낀 건 어딜 가더라도 아침에 달리기하고 하루에 4시간씩 글을 쓴다는 거야. 나는 작가는 못 될 테니까 여행은 다니되 어디서 돈이 나왔으면 좋겠다. 우리 장인어른 얘기를 하자면 일흔 나이에도 굉장히 치열하게 사신다. 그러면서도 품위를 잃지 않고 사는 건 돈이 있기 때문이라 생각한다.

박 _ 여행 작가가 얼핏 가벼워 보이지만 사실 고수들이 하는 거라는 생각이 든다.

강 _ 요새 여행작가라며 알랭 드 보통이나 손미나가 책을 냈던데, 많이 팔리는 모양이다. 그런데 알랭 드 보통 같은 경우는 괜찮은 것 같다.

박 _ 여행의 기술?

강 _ 《여행의 기술》은 미술과 역사를 그림과 적당히 엮어서 쓴 책인데 괜찮은 것 같더라. 책 구성방식이 재미있었다. 잘 읽혔다. 《서른 잔치는 끝났다》의 최영미가 쓴 유럽 미술 관련 책《시대의 우울-최영미의 유럽 일기》)은 좀 아쉬웠다. 뭐랄까, 다소 관념적인 느낌이었다. 여행 작가로서 글을 쓰려면 한 지역을 최소한 서너 번 이상 다녀온 다음에 써야 한다는 생각이 들었다.

박 _ 그래도 《80일간의 세계 일주》를 쓴 쥘 베른은 외국에 한 번도 안 나가봤다고 한다. 가든 안 가든 내공 문제 아닐까.

강 _ 취재를 많이 하면 되는데, 쥘 베른은 SF적인 상상력으로 쓰지 않았을까.

박 _ 고갱처럼, 어느 순간 언론도 부담스럽고 내가 지금 뭐하는 거냐 하며 다 때려치우고 떠날 가능성은 있나?

강 _ 그럴 가능성은 없다. 그러진 않는다. 솔직히 한때 글쓰기 관련 책을 좀 읽었다. 이태준의 《문장 강화》나 스티븐 킹의 《유혹하는 글쓰기》 같은 책들이 특히 기억난다. 하지만 글쓰기 책을 읽는 것과 직접 글을 쓰는 것은 다르더라. 스티븐 킹은 많이 읽고 많이 쓰는 것을 강조했다. 글 쓰는 데는 왕도가 없다. 나는 글을 많이 써보지 못했다. 앞으로도 직업 작가는 힘들 것 같다. 전업저술가로는 말콤 글래드웰을 가장 높이 평가한다. 《아웃라이어》, 《티핑포인트》, 《블링크》 등 쓰는 책마다 전 세계적 트렌드를 만들어 냈다.

학생 시절 독서목록

박 _ 전에 기억에 남는 책으로 《장미의 이름》을 언급한 적이 있다.

강 _ 그게 이제 한 20년 됐는데…. 《장미의 이름》이 아직 기억에 남는 이유는 그 책을 보면서 새로운 독서가 시작됐다고 느꼈기 때문이다. 1990년 초반에 읽었다. 그때 번역본 초판이 나왔는데, 나중에 번역이 잘 된 게 나왔다. 그 책을 보면서 '아, 소설을 이렇게 쓸 수 있구나!'라는 생각을 했다. 사람의 지성이라는 게 이 정도까지 갈 수 있구나. 14세기 중반에, 아리스토텔레스의 《희극론》이란 가상의 책을 소재로 그리스·로마 고전 얘기가 다 나온다. 움베르트 에코라는 사람의 지성은 도대체 어느 정도인가, 어떻게 이런 책을 쓸 수가 있는가. 그 뒤로 에

코의 책은 다 읽었다. 가장 최근 《로아나 여왕의 신비한 불꽃》까지 봤다. 그래도 《장미의 이름》이 제일 기억에 남는다.

박 _ 전에 도쿠가와 이에야스의 《대망》도 다 읽었다고 했다.

강 _ 33권을 다 읽었는데, 《삼국지》와 《초한지》 다음은 《대망》이라고 생각한다. 전 세계에서 제일 긴 소설이기도 하다. 무인도에 딱 한 작품만 가지고 가야 한다면 《대망》을 고르겠다. 기니까.

박 _ 공부도 잘했던 것 같은데 책은 언제부터 읽었나?

강 _ 고등학교 때 경기고, 서울고, 경기여고, 이화여고가 함께 하는 '오크'라는 연합서클을 했다. 영어회화 써클이었는데, 졸업한 대학생들도 많이 나왔다. 거기서 선배들한테 '어떤 책을 읽을까요?' 했더니 도서 목록을 주었다. 목록에 있던 것 중 몇십 권을 연달아 읽었는데 그때부터 독서에 관한 뭔가가 트였다. 어렵고 힘들 때 책을 읽는 버릇이 생겨 위기상황이나 침체기에 책을 본다. 책 보면서 시간을 때우다 보면 또 상황이 바뀌어서 좋아지곤 했다.

박 _ 당시 써클 책 목록엔 어떤 것이 있었나?

강 _ 내가 고등학교 2학년 때 당시 대학교 86학번들이 준 거였다. 《역사란 무엇인가》, 《철학의 기초이론》 등의 운동권 서적과 에리히 프롬의 《사랑의 기술》, 《자유로부터의 도피》, 《소유냐 존재냐》, 막심 고리키의 《어머니》 같은 책들이었다. 그런 책들을 고등학교 2학년 때 쭉 봤다. 당시 황석영을 좋아해서 《무기의 그늘》, 《삼포 가는 길》도 봤다.

박 _ 당시 읽었던 책들 중에서 지금도 기억나는 책은?

강 _ 《역사란 무엇인가》다. 한글로 읽고 영문으로도 읽었다. 이 책을 읽고 서강대 역사학자 차하순의 《사관이란 무엇인가》를 읽었는데, '역사는 쓰기 나름이구나.' 그런 생각을 했다. 역사는 계속 새로 쓰이는 것이다. 우리가 대통령에 대한 평가를 계속 새롭게 하는 것처럼.

박 _ 고2 때는 책을 많이 읽고, 고3 때는 공부 열심히 해서 대학 갔구나.

세상에 가장 영향을 많이 준 책은 성경

박 _ 세상에 영향을 준 책을 꼽는다면?

강 _ 나는 기독교인이라서 그런지 몰라도 성경이나 예수의 생애에 대해서 많이 생각해 봤다. 세계 역사에 가장 광범위하게 많은 영향을 끼친 책은 성경이라는 생각을 안 할 수 없다. 몇 권 팔렸느냐가 문제가 아니라 전 세계 역사를 뒤흔들었으니까.

박 _ 누구나 인정할 것이다. 나도 성경이 세계를 바꾼 책 1위라고 생각한다. 그럼 세계를 바꾼 그런 것 말고 성경이 개인적으로 다가온 부분이 있나?

강 _ 성경이 총 66편인데, 신약은 27편이다. 신약 27편 중에서 16편인가 17편인가를 바울이 썼다. 그런데 바울은 예수 그리스도를 실제로 한 번도 본 적이 없다. 기독교가 크리스트교라는 말인데, 신약을 곰곰이 보면 크리스트교인지 바울교인지 헷갈린다. 왜냐하면 예수는 직접 책을 남긴 적이 없기 때문이다. 하여간 바울이란 사람이 없었다면 기독교라는 체계가 가능했겠나 싶다. 바울이 썼다는 편지들을 보면 바울이란 사람이 굉장히 철학적이고 체계적이란 느낌이 든다.

　왜 이런 얘기를 하냐면, 난 아내와도 자주 성경 이야기를 하기 때문에 성경적 이슈들에 대해 생각을 많이 한다는 것이다. 성경은 수많은 삶의 가치에 대한 질문을 던져준다. 신앙적인 부분은 결국 기적을 체험하고 확신을 가지는 믿음이 중요하다.

박 _ 나도 고등학교 때 성경을 두 번 읽어봤다.

강 _ 아, 그때 읽던 성경과 요즘 성경은 좀 다르다. 옛날 성경은 솔직히 지금 봐도 무슨 말인지 잘 모르는 부분이 많다. 예전에는 중국 성경을 번역했기 때문에 이상한 단어를 많이 썼다. 요즘은 이해하기 쉬운 문장으로 바꿔 놓았다. 바꾸기 전의 성경은 금강경이나 반야심경에 나오는 것 같은, 약간 주문 같은 느낌이 있다. 주문처럼 똑같은 문장을 계속 되뇌이면 어떤 영적인 효과가 생긴다. 이런 부분은 전 세계적으로 다 있다. 예수 가라사대…, 이렇게 외웠을 때 주문의 느낌이 있었는데, 지금은 완전히 바뀌었다. 예수께서 말씀하셨습니다, 그런 식이다.

박 _ 운문과 산문의 차이 같은 건가?

강 _ 좀 그런 느낌이 있다. 요즘 성경은 운율 같은 거 생각 안 하고 번역을 했다. 사실 운율로 맞춰서 하기가 힘들지.

박 _ 그런 거 보면 성경도 영문으로 봐야 할 거 같다.

강 _ 영문으로 읽으면 느낌이 또 다르다. 그런데 영문성경도 매번 바뀐다. 한 100년마다 한 번씩 확확 바뀐다.

마르크스와 프로이트 그리고 다윈

박 _ 마르크스는 읽었나?

강 _ 《자본론》은 김수행 교수가 편역한 책들을 몇 권 읽었다. 그걸 정주행 해보니까 상당히 체계가 있다는 생각을 했다. 《자본론》도 세상에 많은 영향을 준 책이다. 난 사마천의 《사기》도 세상을 바꾼 책이라고 생각한다. 중국 전체를 통틀어서 한 권을 골라야 한다면 아마도 《사기》일 것이다.

박 _ 역사책이 세상을 바꿨다고? 대중들에게 실제로 영향을 미쳤을까?

강 _ 《사기》가 나온 이후에 모든 역사책과 역사에 대한 관점이 바뀜으로써 《사기》적인 역사관이 생겼다. 사기에 의해서 중국에서 왕조사관 같은 '순환적 역사관'이 생겼다고 한다. 그 결과 중국에서는 '역사는 끊임없이 발전한다'는 식의 세계관이 아니라, '어떤 왕조가 들어서면 흥망성쇠를 거쳐서 결국은 망한다'는 식의 사관이 확립되었고, 중국 더 나아가 동양적 가치관을 형성했다. 하여튼 소위 말하는 동양적 생각, 사고방식이 출발하게 된 계기가 《사기》가 아닌가 그렇게 생각한다.

박 _ 실제로 대중의 사고방식에 결정적인 영향을 미쳤다 이런 주장인가?

강 _ 그렇다. 그런데 '대중에게 얼마나 영향을 미쳤느냐'는 식의 이야기는 최근에 나온 것이다. 당시에는 사실 지배 엘리트층의 생각을 얼마나 바꿨느냐가 중요했다. 대중들이 책을 폭넓게 읽기 시작한 지는 200년 정도밖에는 안 됐다. 대중들이 성경을 읽기 시작한 지도 얼마되지 않았다. 그렇게 생각해보면 대중들이 활발히 책을 읽기 시작한 근 200년 내에서는 어떤 책이 영향력이 있을까 궁금하기도 하다.

박 _ 사람들이 흔히 말하는 건 다윈과 프로이트다.

강 _ 그렇겠다. 《종의 기원》을 읽어봤는데 원서 중에서, 특히 과학분야의 고전 원서 중에서 그나마 가장 읽기 편한 책이 《종의 기원》이었다.

　나도 예전에는 과학자들의 논문을 원문으로 보고 싶었다. 그런데 20세기로 접어들어서부터 과학자들의 논문을 전공자가 아닌 사람들이 읽고 이해한다는 게 불가능해졌다. 일단 수학을 깊이 모르면 논문에 나와 있는 수식을 전혀 이해하지 못하기 때문에 그렇다. 경제학 논문도 수학으로 풀기 시작했던 것이 20세기다.

　그나마 생물학 쪽의 책인 《종의 기원》은 굉장히 서술적으로 되어 있어서 이해할 수 있었다. 개 이야기, 비둘기 이야기 등이 나오면서 읽기가 쉬운 편이다. 그리고 진화론은 진화론 자체도 그렇지만 진화론의 변종들이 굉장히 세상에 영향을 많이 미치는 것 같다. 요즘 들어서 진화론을 바탕에 깔고 있는 '진화심리학', '행동 경제학' 같은 책들이 점점 많이 등장하고 있다. 진화론적인 사고가 점점 더 영향력이 커지는 것 같다.

박 _ 《정신분석입문》은 읽어봤나?

강 _ 읽어봤다. 하지만 프로이트의 영향력이 지금은 제한적으로 보인다. 요즘 사회과학 중에서 실험도 많이 하고 어떤 대중적 논쟁거리를 많이 이끌어 내는 건 심리학인 것 같다. 50~70년대 스탠리 밀그램의 '권위에 대한 복종실험'이라든지, 많이 있지 않나. 스키너 박사도 그렇고. 하여간 실험을 기반으로 해서 인간의 본성을 연구하는데, 그것이 사회과학에 미치는 영향이 크다. 사회과학의 가장 큰 문제가 실험하기가 어렵다는 것 아니었나.

경제학자들은 자꾸 머릿속으로 합리적인 인간을 기준으로 논지를 전개하는데, 한계에 이른 것 같다. 신고전주의 경제학이 수학을 적극적으로 도입했지만 가정부터 억지스럽다는 비판을 받고 있다. 특히 경제위기를 몇 번 거치면서 경제학이 폐기될 위기에 처해있다. 그 수많은 경제학자들 중에 2008년 경제위기를 예측한 사람이 거의 없다.

박 _ 루비니 그룹이 있었다. 《위기의 경제학》 공동 저자.

강 _ 음 그러네. 아무튼 요즘은 경제학이 심리학과 결합하는 것이 대세인 것 같다. '인간의 합리성' 전제를 보완하는 것이 설득력을 더하고 있다.

박 _ 방금 한 그 이야기 재밌고 공감한다. 《부의 기원》이라는 책 아나? 그게 진화론을 바탕으로 푼 경제학책인데, 굉장히 재밌게 읽었다.

강 _ 부의 기원? 누가 썼나?

박 _ 원제가 《Origin of Wealth》다. 에릭 바인하커라는 학자가 썼는데 제목은 다윈의 《종의 기원》을 패러디한 모양이다. 금방 강용석이 말한 그런 내용을 잘 정리한 책이다. '왜 합리적 인간을 모델로 한 경제학은 실패할 수밖에 없는가.'가 주제다. 재밌는 책이다. 그러면 프로이트는 느낌이 그렇게 그저 그렇다?

강 _ 요즘 들어서 프로이트 이야기하는 사람, 없지 않나. 심리학자 중에서도.

박 _ 그러니까 지금 강용석의 말을 정리해보면, 대부분 사람이 하는

말과 비슷하다. '마르크스, 다윈, 프로이트 중 지금까지 살아남은 사람은 다윈밖에 없다.'

강 _ 동의한다.

박 _ 그럼 심리학은 실용적인 학문이라고 느끼는 건가.

강 _ 그렇다. 심리학은 여하튼 실험을 잘 구성하니까. 자연과학은 핵심이 어떻게 실험을 잘 구성하느냐이다. 실험을 어떻게 잘 구성해서 반복가능하고 그 실험을 통해서 뭔가 정확하게 입증할 수 있는가 그게 핵심이다. 심리학자들은 그걸 잘한다.

그리고 실험의 가장 핵심인 '더블 블라인드', 즉 '이중 맹검'이 잘 이루어져야 한다. 심리학자들은 그걸 잘 구성한다. 실험 대상들로 하여금 어떤 행동을 하게 하는데, 중요한 건 그 행동은 대부분 별 의미가 없는 거다. 실험 대상에게 직접적으로 하게 하는 행동보다 그에 따른 부수적인 행동을 데이터화 한다. 거기서 자연스레 이중 맹검이 이뤄지는 것이다. 피실험자가 의식하지 않은 상태에서 객관적 결과를 도출할 수 있으니까. 더블 블라인드가 이루어져서 그 실험 결과에 대해 아무도 반박하지 못하게. 유명한 실험들 많지 않나.

박 _ '루시퍼 이펙트' 같은.

강 _ 그렇지. 권위에 응하는 실험. 전기 고문하게 하고 권위에 도전하는 것. 스탠퍼드 대학교에서 한쪽은 간수, 한쪽은 죄수, 그렇게 해서 실험한 것이다. 그 외에도 여러 가지 실험들이 있다. 그런 실험들을 여러 가지 경제학이나 경영서 책들에서 많이 인용하고 응용한다. 그런 실험들을 대표적으로 많이 인용한 책이 《설득의 심리학》이다.

박 _ 아주 유명한 책이다.

강 _ 근거로서는 제일 좋다. 그런데 최근 들어서 로버트 액설로드의 《협력의 진화》란 책이 흥미로웠다. 죄수의 딜레마 상태에서 그걸 계속하는 게임에 관한 책이다. 게임이론에서 어떤 게임 전략이 가장 성공적인 전략이냐 하는 실험을 했다. 그러면서 컴퓨터 프로그램을 통해서 실제 사회에서 많은 사람들을 대상으로 실험을 한다. 그 실험들을 통해서 그동안 사회과학에서 하지 못했던 인간 실험을 할 수 있는 것이다.

《사회적 원자》라는 책을 보면 '흑백분리 실험'이 나온다. 어떤 도시에 가보면 백인지역과 흑인지역이 따로 있다. 그럼 흑백 인종이 따로 분리된 이유는 무엇인가, 이게 단순한 인종차별 때문인지, 아니면 어떤 다른 이유가 있는지 이런 문제들을 다룬다. 컴퓨터 프로그램을 통해서 단순히 몇 가지 원칙만 주면, 자연스럽게 조금만 지나면 흑백분리가 이뤄진다.

그 원칙은 뭐냐면, '자기 주변에 자기와 다른 색이 늘어나면 굉장히 불편함을 느껴서 다른 쪽으로 옮기고 싶어 한다.'라는 것이다. 자신과 같은 색깔이 많은 쪽으로 옮기고 싶어 한다는 것이다. 1970년대 초반에 했던 이 실험을 통해서 흑백분리에 대한 것들이 입증됐다.

내가 최근에 본 실험 중에서 제일 인상 깊었던 것은 '왜 빈부격차가 일어나는가'에 대한 실험이다. 이 실험에 따르면, 1890년대 빅토리아 시대의 영국과 당시의 미국, 1920년대 미국과 대공황 직전의 미국, 1970년대의 소련 등 어디에서나 부의 편중도는 거의 비슷하다는 것이다. 오히려 1970년대의 소련은 지금의 자본주의 국가들보다 부의 편중이 더 심했다는 결과가 나왔다. 그럼 왜 그런 현상이 벌어지는가. 중국을 보면 알겠지만 부의 편중도 문제는 사회체제가 문제가 아니라는 것이다.

어떤 집단사회의 모든 사람한테 똑같은 부를 주고 시작하게 한다. 그리고 단지 몇 가지 간단한 원칙에 의해 거래를 하게 한다. 또 모두 일정한 소비와 저축, 투자를 하게 한다. 그리고 프로그램을 돌리면 거래 횟수가 늘어날수록 부가 소수에게 편중되는 현상이 벌어진다. 몇 회의 거래, 100회, 1,000회 거래가 이루어지면 벌써 부가 어디론가 소수에게 집중되어 있고 지금과 같은 현상이 벌어진다.

---

3) 프랙탈(fractal) 이론
자연계에 있어 같은 모양이 반복되는 구조를 프랙탈이라고 하고 이를 이용하여 자연을 모델링하는 이론을 프랙탈 이론이라고 한다. 예를 들어, 리아스식 해안선에는 움푹 들어간 해안선 안에 굴곡진 해안선이 계속되고 아주 작은 자를 사용하면 해안선의 길이는

원인은 단순하다. 결국 부를 창출하는 원인은 투자다. 투자는 잉여의 돈이 있어야 가능하다. 그 잉여가 많이 생긴 사람에게는 투자할 기회가 더 많아지고 투자를 많이 하면 할수록 점점 더 부자가 된다. 물론 투자에 실패하면 부자 집단에서 탈락한다. 결과적으로 100을 가진 사람보다 1,000을 가진 사람이 대충 6분의 1로 줄어든다. 왜 '프랙탈 이론[3]'이라고 있지 않나. 여기서 있던 것이 더 커진 곳에서도 일어나는 현상. 그런 식으로 부의 편중을 보면 대충 어떤 일정한 법칙이 발견된다는 것이다. 데이터를 놓고 분석을 해도 그런 것들이 사회과학적으로 입증이 된다.

박 _ 소설보다 이론서를 좋아하는 것 같다.

강 _ 전혀 아니다. 전에도 말했듯이 소설은 정말 꾸준히 읽는다. 이상문학상 작품은 거의 다 읽었다. '하루키', '에쿠니 가오리', '오쿠다 히데오', '요시모토 바나나' 작가 같은 일본소설과 '기욤 뮈소', '더글라스 케네디', '넬레 노이하우스' 작가 같은 대중소설도 순전히 재미로 읽는다.

박 _ 《정의란 무엇인가》는 읽었나?

───────────────

무한대가 된다. 생물학에서 '개체발생은 계통발생을 되풀이한다.', 즉 동물의 배아 발달 과정은 진화 과정을 비슷하게 반복한다는 것도 프랙탈 구조로 설명할 수 있다. 카오스 이론을 설명하는 주요한 바탕이론 중의 하나고 자연과학의 선형성과 미분 개념에 반대되는 이론이다. 경제학, 사회학에도 응용되고 있다.

강 _ 마이클 샌델에 대해 거품이 꼈다고 많이들 생각하지만… 애들과 함께 저녁식사 자리에 나가서 같이 사진도 찍고 책에 사인도 받았다.

박 _ 언제?

강 _ 마이클 샌델 방한했을 때 하버드 총동창회에서 따로 저녁식사 자리를 만들었다. 조선호텔에서 40명 정도 따로 모여서 저녁 먹고 사진 찍고 그랬다.

대한민국 국회의장이 쓴 역사책 《술탄과 황제》

박 _ 김형오 전 국회의장이 책을 냈다는 소식을 듣고 놀랐다. 외국에도 번역된다는 소식을 들었는데 그 책 소개 좀 해 달라.

강 _ 김형오 전 의장이 이번에 《술탄과 황제》라는 역사책을 냈다. 흔히 인생 2모작, 3모작, 그런 얘기들을 한다. 김형오는 젊었을 때 기자, 공무원, 외교안보연구원 생활을 했다. 그 뒤 정치권에 들어와서 20여 년을 보냈다. 47년생이니까 지금 67세. 최근 정치를 그만두게 됐다. 앞으로도 향후 20년의 인생이 있다면 인생 3모작을 시작하는 것이다. 김형오는 인생 3모작의 시작으로 책을 썼다. 보통 정치인들이 책들을 많이 내지만 원래 작가였던 사람 아니면 필력 있는 정치인은 많지 않다. 그런데 김형오 같은 경우는 기자생활도 했고 연구원 생활도 했기 때문에 원래부터 글을 썼다.

그런데 이번에 낸 책은 놀랍다. 김형오 본인이 구성해서 드라마틱한 역사책을 쓴 것이다. '술탄 메메드 2세', 동로마 제국의 마지막 황제 '콘스탄티누스 11세' 그리고 작가 김형오의 입장에서 서술한다. 동로마 제국 몰락 당시 54일간의 기록을 종군기자처럼 썼다. 마치 사건 당사자처럼 비망록이나 일기의 형식으로 썼다. 특이한 구도고 액자 소설이라고 얘기하던 그런 식의 구성인데, '3단 액자 구성'이라고 할 수 있다.

내가 높이 평가하는 건 대한민국 국회의장까지 지냈던 정치인이 그 일을 마치자마자 이런 열정으로 글을 썼다는 것이다. 그리고 책을 읽어보면 누구나 느끼겠지만 굉장히 방대한 양의 자료와 고증을 바탕으로 해서 정확하게 써 내려갔다. 그러면서도 소설적 재미를 잃지 않았다는 점에서 아주 높은 평가를 하고 싶다.

이 정도로 취재하고 연구해서 내는 책은 대한민국에서 1년에 10권도 나오기 힘들다. 책을 관성적으로 내는 사람들은 책 내는 기본 방식들이 있다. 업자로서의 방식이 있는데, 대부분 그렇게 내든가, 아니면 논문 형식의 책들이 나온다. 그런 책들은 사실 재미가 떨어진다.

《술탄과 황제》 정도 수준의 책이라고 할 수 있는 것이 예를 들면 주경철 교수의 《대항해 시대》 정도이다. 《대항해 시대》를 보면서 '한국에서도 이런 책이 나오는구나.'라는 느낌을 받았다. 마치 《총, 균, 쇠》를 보는 느낌을 받았다.

그런데 《대항해 시대》는 재미가 조금 떨어진다. 재미와는 별도로 연구성과 면에서 볼 때 퀄리티가 높은 책이다. 《술탄과 황제》는 《대항해 시대》 정도의 연구 성과를 바탕으로 쓴 책이다. 왜냐하면 그 동로마 제국의 마지막 전쟁에 관해서 그 이상 나올 수가 없다. 당시의 매일매일의 전황, 콘스탄티노플 성에 대한 이야기, 당시의 무기체계 이런 모든 걸 총괄해서 써 내려간 거다. 그 이야기를 좀 더 공을 들여서 소설적으로 더 재미있게 쓸 수 있을지는 몰라도 역사책으로서 더 나올 게 없을 정도로 훌륭하게 썼다.

박 _ 정치인이 책을 냈다, 정도가 아니라 객관적으로 대단한 것 같다. 역사학자로서 평가해도 손색이 없을 정도였나?

강 _ 손색이 없다. 그리고 우리나라 역사학자 중에 한 가지 사안을 가지고 이 정도 책 내는 사람이 없다.

박 _ 나도 비잔티움 제국사에 관심 많아서 책을 몇 권 봤다. 오스트로고르스키의 《비잔티움 제국사》, 노리치의 《비잔티움 연대기》. 참, 노리치가 외교관 출신이다. 그리고 동로마를 다룬 책은 기번의 《로마제국쇠망사》5, 6권이다. 내가 아는 게 그게 다인데, 마지막 전쟁만 집중 조명했다면 대단한 책이다.

강 _ 여러 사람이 그런 평을 하는데 그 전쟁과 관련해서 전 세계에 나와 있는 책 중에 저 책이 모든 자료를 다 포함했다는 평을 받을 정도다.

박 _ 나는 우선 김형오가 저 소재를 택했다는 것이 참 대단하게 느껴진다. 사실 많이 놀랐다.

강 _ 생각해봐라. 시오노 나나미가 필력이 좋고 또 스타일이 한국과 일본에 어필하기 때문에 한국에선 인기가 굉장한데 세계적으로는 그리 인정을 받는 편은 아니다. 취재가 얄팍하다는 평가도 받았다. 로마나 십자군 전쟁에 관해서 한국이나 일본에는 자료가 별로 없지만 현지에 가면 어마어마하게 있다. 나나미는 그 자료 중 아주 일부를 참고 해서 쓴 것이다. 《십자군 이야기 1권》에서 1차 십자군 전쟁 전체를 다루는데 얄팍하다. 그런데 《술탄과 황제》는 54일 전쟁 딱 하나로 책을 쓴 거다. 이를테면 임진왜란 중에서 명량해전 하나를 가지고 그만한 책을 쓴 거와 같다.

책을 읽기 위한 나의 비결

박 _ 최근에 읽고 있는 책은?

강 _ 《지식의 반전 : 호기심의 승리》이다. BBC 시리즈 책들 중에서 이 책과 동물 상식을 뒤집은 책을 전에 봤다. 이 책은 최근에 나온 것이다. 내가 〈은하수를 여행하는 히치하이커를 위한 안내서〉라는 영화를 재밌게 봤다. 그 영화를 제작했던 사람들이 쓴 책이다. 우리가 흔히 알고 있는 일반적인 상식이 실제로는 그렇지 않다, 뭐 그런 내용이다. 재미있다.

박 _ 또 없나?

강 _ 최근에 인상 깊었던 책 중에 《사회적 원자》도 있고, 《흔들리는 세계의 축》은 파리 드 자카리아의 국제정세에 대한 식견과 미국지배 이후의 세계정세에 대한 탁월한 예측이다. 《국가는 왜 실패하는가》도 《총,균,쇠》만큼이나 선, 후진국 간 왜 이렇게 심한 격차가 벌어졌는가에 대한 심오한 통찰을 담고 있는 것 같다. 《강신주의 맨얼굴의 철학 당당한 인문학》은 인터뷰어인 지승호가 한 권 주길래 읽었더니 괜찮더라.

박 _ 독서 스타일은 어떤가? 광범위하고 얇게?

강 _ 광범위하고 얇게 보는 데 요령이 필요하다. 나는 일주일 또는 이 주일에 한 번씩 꼭 서점에 간다. 아이들과 같이 가서 각 분야의 베스트셀러 중에서 눈에 띄는 책들을 고른다.

내가 스스로 자랑스러우면서 신기했던 일이 있었다. 강남 코엑스 몰 밑에 반디앤루니스 서점이 있는데, 거기 통유리에 80년대 초반부터 그 해의 베스트셀러를 최근 것까지 쭉 붙여 놨다. 그걸 끝까지 보는데 내가 한 권도 안 빼놓고 다 봤더라. 그래서 내가 정말 베스트셀러는 안 빼놓고 보는구나 생각했다. 베스트셀러를 따라서 보면 시대를 같이 간다는 느낌이 든다. 왜냐하면 그 해에는 그 책이 유명했어, 그런 거 있지 않나. 내가 '이상문학상 수상집'을 매년 1, 2월에 나올 때 안 빼놓고 다 보는 이유이기도 하다.

박 _ 여기서 궁금한 게 있다. 과연 시간이 되냐는 것이다.

강 _ 취미가 책 보고 영화보고 술 먹는 것밖에 없기 때문에 시간이 난다. 그렇게 바쁘게 살지 않는다.

박 _ 유심히 보면 강용석이라는 인간에 대해서 상당히 많이 논란이 되는 게 시간문제다. 방송을 보면 〈썰전〉에서 연예계 관련 이야기를 하는데, TV 프로그램도 이것저것 다 보고, 영화도 보고, 드라마도 보고 그런다는 게 논란이 되고 있다. 언제 다 하지? 그런 의문이다.

강 _ 생각보다 할 일이 없고 시간이 많다. 무엇보다 난 일단 사람들에게 전화해서 만나자고 하는, 그런 걸 안 한다.

박 _ 아, 잡 모임!

강 _ 잡 모임 같은 거. 그래서 생각보다 친구가 별로 없다. 집사람은 정이 없다고 얘기한다. 뭐, 친한 사람들을 정기적으로 만나서 떠들고 마시고 그런 것이 없다. 그러니 가장 친한 친구라고 해봐야 일 년에 한두 번 만난다. 어떤 개인적인 모임이 한 달에 서너 번 정도이고 그 외에는 없다.

술 먹는 것도 요즘은 방송 때문에 작가들이나 해당 팀과 한두 번 먹는 정도랄까. 일주일에 집에 빨리 들어오는 시간이 두서너 번 된다. 주말에는 아무 일정이 없다. 골프를 안 치니까. 주말에는 애들이랑 같이 영화 보거나 아니면 서점에 가거나 한다. 그리고 집에서 아이들과 함께 책을 본다. 그게 다다.

박 _ 내가 후배들한테 종종 하는 말이 그거다. 모임 다 끊어라. 대부분 사람들의 모임이라는 게 동창회 등이고 노래방 그런 데서 시간 다 보낸다. 책 정상적으로 읽으려면 그런 거 하면 안 된다.

5장

인간 강용석

> **"**
> '내가 꼭 이렇게까지 해야 하나'란 생각이 들면 처진다.
> 당시 나는 '꼭 이렇게까지 해야 한다.'라는 생각이 있었다.
> **"**

'아나운서 비하 발언', 기억나지 않는다

박 _ 우선 '아나운서 비하 발언'으로 아직도 이미지가 좋지만은 않다.
비록 사석에서였지만 '아나운서 비하 발언'의 파급력은 컸다. 그와 관
련한 이야기를 듣고 싶다.

강 _ 난 잘못한 일에 대해선 분명히 사과를 하는 성격이다. 당시 술에
취해 실수했던 것이었다면 곧바로 인정했을 것이다. 그날 학생 30여
명이 함께 있었고, 취할 정도로 마시는 분위기도 아니었다. 솔직히 어
떤 발언을 했는지 지금도 기억이 나지 않는다.

　정치인의 '모른다'는 '그런 일이 있긴 하지만 내가 개입되진 않았다'

로, '기억 안 난다'는 '하긴 했지만 인정하지 않겠다'로 해석된다고 한다. 이처럼 '기억 안 난다'는 말이 대중에게 어떻게 다가갈지 모르는 바 아니다. 하지만 정말 기억이 안 난다.

내가 사람들에게 나흘 전 저녁에 뭘 먹었냐고 물어보면 대부분 기억을 못 한다. 7월 16일에 사건이 났다는데, 4일 후인 20일에 첫 기사가 나왔다. 4일 전에 한 말을 어떻게 다 기억하겠나. 후에 일정표를 확인해보니 여러 가지 면담과 지역행사 등 그날만 총 11개의 일정이 있었다. 대학생들과 식사자리엔 1시간 20분 정도 머물렀고, 이후 일정이 2개 더 있었다. 그런 상황에서 4일 전에 어디에서 무슨 얘기를 했는지 질문을 받으니 제대로 대답을 할 수 없었다.

사실 후회할 수도 없어서 더 답답하다. 만약 당시에 기자가 함께 자리를 해서 메모나 녹음을 했던 상황이라면 '조심해야 하는구나'라는 생각이라도 했을 것이다. 그런데 그런 것도 아니었다. 내 말을 들었던 여학생이 누군가에게 한 얘기가 기자에게 전달돼 사건이 벌어졌다. 그런 식이라면 대한민국에서 일어나지 못할 사건은 없다고 본다. 물론 당시 사과했던 것은 그때도 지금도 진심이다. 결과적으로 여러모로 누를 끼쳤던 것은 사실이니까.

박 _ 당시 사과를 했지만 이후 '개그맨 최효종 고소사건'으로 사건이 더 커졌다. 최효종 씨가 정치인들을 싸잡아 비판했다고 해서 '집단모욕죄'로 고소했던 사건이었다.

강 _ 내가 말실수를 했던 것과 집단모욕죄로 고소당했던 것은 차원이 다른 문제라고 생각했다. 설사 내가 그런 말을 했다고 하더라도, 사석에서 어떤 집단에 대해 인상평을 한 것을 법으로 처벌한다는 것은 있을 수 없는 일이다.

최효종 씨를 고소했던 것은 '집단모욕죄'가 말이 안 된다는 것을 보여주려는 내 나름의 항변 차원이었다. 그렇다고 최효종 씨에게 누가 되는 방식으로 했던 것이 아니었다. 당연히 고소를 끝까지 끌고 갈 생각도 없었다. 이후 최효종 씨와는 서로 좋은 인상으로 남았고 아나운서협회도 고소를 취하했다. 심지어 최근에는 서수민 PD의 제안으로 개콘 700회 특집에 축하 영상으로 출연해 최효종에게 격려의 메시지까지 전했다.

박 _ 당시 가족들도 힘들었을 것 같다.

강 _ 초등학생이었던 아들은 '신문사 나쁘다'며 울었다. 그런데 이젠 중학생이 되더니 좀 무덤덤해졌다. 아빠와 함께 내공이 쌓인 듯하다. 나 때문에 사춘기를 세게 보내서인지 멘탈이 상당히 강하다.

박 _ 장인어른이 국회의원 출신이라고 알고 있다. 당시 별말 없었는지 궁금하다.

강 _ 장인어른(윤재기 변호사)은 정치인 출신이라 통이 크다. '이렇게 터지는 거 보니 너 크게 되겠다'고 하더라. 또 '모든 게 다 과정'이라고 했다. 지금도 그 말을 항상 생각하며 산다. 아무리 어려운 일이 생겨도 20년 후를 생각해 보면 별것 아니다.

박 _ 책을 통해서 명확히 해야 할 것 같다. 아나운서 발언에 대해 사과했나? 아직도 이 부분으로 물고 늘어지는 사람들이 많다.

강 _ 아나운서 협회와 화해하고 기자회견까지 했다.

박 _ '섹시한 박근혜' 발언도 성희롱 발언이라고 말들이 많았다.

강 _ 성희롱은 무슨… 몸매 찬양하고 그런 내용이 아니었다. 칼럼은 '섹시한'이 중요한 것이 아니고 한나라당의 예비대선후보로서 박근혜 후보의 경쟁력과 강점, 약점을 다루는 진지한 내용이었다. 당시 비서실장이었던 진영 의원에게 전해 들었는데 당사자인 박근혜 대통령은 기분 좋게 받아들였다고 한다.

군대 시절 구타 사건의 진실

박 _ 군대는 공군 장교(군 검찰관)로 다녀왔는데, 아직도 인터넷에 떠도는 '강용석 군대 시절 사병 구타사건'은 어떻게 된 것인가?

강 _ 그 사건은 당시 유명했는데, 공군부대 골프장 비리사건이 발단이었다. 공군 부대마다 골프장이 있는데, 군에서 외부 민간인들을 사실상 회원처럼 몇천만 원씩 받고 부킹해줬다. 그때는 골프장이 워낙 부족하던 때였으니까. 그 과정에서 장부에 없는 돈을 받고 공군 장성들에게 상납하고 그랬다. 구조적 문제였다.

내가 군대 가자마자 우리 부대부터 시작해서 그 사건 관련 장부를 다 뒤졌다. 내가 그 사건 터뜨리면서 골프장을 관리하던 공군복지단이 흔들흔들했다. 또 본부 법무관실로 파견 가서 공군에 있던 전체 골프장을 다 수사했다.

수사 끝내고 부대로 복귀했는데 제보가 들어왔다. 누가 비행단에 있는 항공유를 빼돌려 외부에 팔아먹는다는 제보였다. 그런 사건을 수사하려면 사실, 보름쯤 잠복해서 외부에서 탱크가 오는 걸 잡아야 한다. 그런 후에 뭘 하든지 해야 했는데 그렇게 할 여력이 없었다. 당시 직원도 몇 명 없었고 일단 그냥 갔다. 그런데 그날이 마침 토요일 오후여서 거기 부사관들은 다 퇴근한 상태였고 사병들만 있었다. 그 사병들에게 '장부 가져와라.' 그랬다. 그런데 조사하는 과정에서 애들이 '모른다', '날씨에 따라 측정치가 다르다'는 식의 뻔한 대답을 하더라. 그래서 '웃기지 마' 그러고 원산폭격 시키고 몽둥이로 몇 대 때렸다.

박 _ 그 정도가 문제가 되나? 난 사병 출신인데도 늘 있었던 일이다. 그 일이 어떻게 알려졌나?

강 _ 그 일 있고 비행단장(준장)이 우리 법무실장 불러다가, '골프장까지 (조사)했으면 됐지, 왜 또 자꾸 터뜨리느냐', '군대를 전부 범죄 집단 취급하는 거 아니냐' 그런 식으로 압력을 행사했다. 그래서 접게 됐다. 그런데 한 일주일 후에 맞았던 애들 둘이, 하나는 병장이고 하나는 상병이었는데, 진정서를 공군본부와 언론사들 몇 군데에 보냈다. '내가 이렇게 몽둥이로 맞았다.', '원산폭격을 했다.' 등등의 내용이었다.

박 _ 사병들이 독자적으로 그런 진정서를 냈을 리 없다.

강 _ 그쪽 수송부대 위에서 시킨 것으로 짐작한다. 사병이 왜 진정서를 공군본부에 내나, 자기 부대도 아니고. 언론사에다 낸 것도 황당했다.

　아무튼 그 진정서가 공군본부로 갔다. 본부에서도 내가 계속 수사하는 것은 바람직하지 않다고 생각했을 것이다. 골프장 수사하면서 별이 한두 개 날아갔으니까. 어떻게든지 내가 검찰수사를 못하는 곳으로 보내려 했고, 그래서 간 곳이 합참이었다. 내가 합참에서는 정보 보안법 장교였다. 거긴 검찰권이나 재판권이 없는 곳이다. 또 합참은 육·해·공이 같이 있는 데니까 공군하고는 멀어졌다. 공군 입장에서는 앓던 이 뺀 것처럼 시원했겠지.

박 _ 이런 해명은 처음 듣는 것 같다.

강 _ 지금까진 안 했다. 해명하고 말고도 없지 않나. 때린 건 사실이니까. 이마에 뭔 자국 있다고 며칠 짜리 진단서도 하나 떼났더라. 몽둥이로 맞은 건 진단서가 있을 수가 없다. 결국 공군본부에서 조사받고 맞은 사병들이 합의서를 써줬다. 나도 그 친구들에게 사과했다.

'아버지 뭐 하시느냐?'라는 말이 가장 듣기 싫었다

박 _ 학력이 화려하다. 경기고, 서울대 법대, 하버드대 로스쿨 출신이다. 이렇게 겉으로 드러난 이미지와는 달리 어려운 학창시절을 보냈던 것으로 알고 있다.

강 _ 아버지의 전과가 문제였다. 대부분 생계형 사기와 횡령 등 경제 범죄였다. 아버지는 나의 초·중·고교 시절 내내 교도소를 들락날락

했다. 대략 13년이 넘는 기간을 교도소에 있었다. 내가 29살 때, 1998년 10월, 아버지는 의식을 잃어 형집행정지가 됐고, 그 후 두 달 만에 세상을 떠났다.

가정형편이 좋을 리 없었다. 네 식구가 단칸방과 반지하 방을 옮겨 다녔다. 대학 등록금 때문에 MBC 〈장학퀴즈〉에 출전할 생각을 했다. 기(期)장원을 하면 장학금을 받는다는 말에 열정적으로 나섰지만, 욕심이 과했던지 버저(buzzer)를 신나게 누르다 많이 맞춘 만큼 틀리는 바람에 월(月)장원에 그쳤다.

우여곡절 끝에 서울대 법대를 졸업하고 사법고시까지 통과했지만, 아버지의 전력으로 판사에 임용되지 못했다. 아버지가 구속수감 된 상태에서 판사 임용은 불가능했다.

박 _ 아버지 원망을 많이 했겠다.

강 _ 솔직히 안 했다면 거짓말이다. 학창시절에 '아버지 뭐 하시느냐'란 질문이 가장 듣기 싫었다. 우물쭈물하며 대충 '사업한다'고 답하면 '무슨 사업'이냐고 되묻는다. 경기고 특성상 잘사는 친구들이 많아 상처를 많이 받았다. 중학교 3학년 때까지 반장을 한데다 연합고사도 만점 받는데, 고등학교 2학년으로 올라가니 반장을 안 시켜 주더라. 그래서 더 죽어라 공부했다. 말 그대로 '개천에서 용 난' 케이스다.

예전처럼 입시가 단발 승부라면 개천에서 용이 날 수 있다. 고3 때

1년 열심히 공부해서 학력고사 점수 50점 올리는 게 가능했던 시기였다. 그런데 요즘의 입학사정관제 등은 입시를 '장기 레이스'로 바꿔버렸다. 물론 선진국일수록 그렇게 갈 수밖에 없다고는 하지만, 너무 심한 감이 있다. 이런 환경에선 개천에서 용이 못 나온다.

박 _ 앞서 얘기한 장학퀴즈 일화는 유명하더라.

강 _ 고2 말에 장학퀴즈 나갔고 그해 11월부터 도서관 자습실에서 매일 밤 11시까지 공부했다. 당시 8학군이 좋은 때였기 때문에 우리 동기들이 재수, 삼수까지 포함해서 100명 정도가 서울대에 들어갔다. 지금으로 따지면 대원외고 같은 성과를 냈던 것이다. 대원외고도 60~70명 정도가 서울대에 가는 형편이니까, 많이 간 편이었다.

당시 똑같이 공부하면 내가 더 잘할 수 있겠다는 자신감도 가졌다. 그런데 대학교 가니까 더 잘하는 애들이 많더라. 대학에 가서야 똑같이 공부해도 따라갈 수 없는 애들이 있구나 하는 걸 느꼈다.

박 _ 가난했던 고교 시절, 힘들지 않았나?

강 _ 경기고에 입학하고 보니 압구정동 사는 애들이 대부분이었다. 잘 살면서 똑똑한 애들, 부모도 잘 만났고 똑똑한 애들이 많았다. 고등학교 들어갔을 때 연합고사 만점 4명 중 나를 제외한 3명은 집안

형편이 아주 좋았다. 나는 잘사는 집 애들은 공부를 안 하고 또 공부를 못할 줄 알았다. 그런데 그렇지 않았다. '저런 애들하고 경쟁하려면 힘들겠구나' 생각했다. 그런데 그런 애들은 절박함이란 면에선 좀 떨어진다.

박 _ 구체적으로 어떤 점에서 그런 것을 느꼈나?

강 _ 공부라는 것은 마지막까지 쥐어짜는 거다. 경쟁이란 건 결국은 비슷한 사람들끼리 하게 된다. 거기서 '조금 더'가 필요한 것이다. 머리는 다 비슷하다. 하지만 마지막 순간에 잘 사는 애들은 '헝그리 정신'이 조금 떨어진다. '내가 꼭 이렇게까지 해야 하나'란 생각이 들면서 처진다. 당시 나는 '꼭 이렇게까지 해야 한다.'라는 생각이 있었다. 공부를 열심히 하다가 마지막에 제일 힘들 때 그만두는 경우가 종종 있는데, 그런 데서 차이가 난다.

박 _ 가난했는데, 집안과 세상을 원망하는 그런 성향보다는 투지가 강했던 것 같다. 하지만 사춘기 시절에는 다들 나름 예민하지 않나. 마음 상했던 적은 없었나?

강 _ 성격이 낙천적인 편이다. 제일 큰 상처라고 할 만한 것은 고1 때 반장하다가 고2 때 못했던 것이다. 고2 때 담임선생님이 반장 안 시켜

주고 부반장 하라고 하더라. '반장은 집에 돈이 좀…' 어쩌고 하던 말이 떠돌았다. 그런 게 부족하다 싶으니까 부반장 하라고 했던 것이다. 그래서 난 부반장 안 한다고 했다. 학습부장, 그런 걸 했다. 다른 선생님은 전혀 기억이 안 나는데 고2 때 그 선생님은 기억에 남는다.

박 _ 직선제도 아니고 임명제였는데 내가 왜 부반장을 해야 하는지, 부당하다고 생각했나?

강 _ 그렇다. 그때는 1등 하면 무조건 반장 하는 것이 관례였다. 그 여파로 고2 땐 공부도 열심히 안 했다. 열 받아서.

박 _ 그런 상처가 오래가진 않던가?

강 _ 오래가진 않았다. 하지만 그 때문에 공부를 조금 덜 해서 반에서 2등도 하고 그랬다. 좀 재수 없게 들리나? 하하하. 그때 책을 많이 읽었다.

운동권 써클을 그만둔 이유

박 _ 대학교에선 공부 말고 특별한 활동을 한 것이 있었나?

강 _ 대학교 1학년 때는 '방송연구회'라는 써클에 들어갔다. 본부 써클이었다. 방송연구회는 운동권 써클 중 순위 안에 들어가는 과격 써클이었다.

박 _ 강용석이 대학교 1학년 때 운동권 써클 활동을 했다?

강 _ 그뿐만 아니라 '법대신문'과 '법사회학회' 활동도 했다. 거기도 다 운동권 써클이었다. 그때 써클들이야 대부분 운동권이었지만.

박 _ 그때 어땠나? 써클 활동이 공부보다 재미있었나?

강 _ 내가 88학번인데 88년부터는 데모 나가는 일이 줄었다. 데모 나가 본 게 다섯 번 정도 됐다. 써클에서 책 읽고 세미나 하고 그런 걸 싫어했다. 매주 한두 번씩 학회를 했는데, 그 학습이라는 것이 뻔한 커리큘럼에다가 너무 획일적이었다.

박 _ 나는 그 당시 운동권의 그런 비창조성, 획일성 등이 지금 진보좌파 몰락의 뿌리라고 생각한다. 좀 발랄한 질문을 하면 '쟤 이상한 애다.' 그랬다.

강 _ 비판을 안 받아들인다. 공부 좀 해보려고 하는 애들은 '왜 꼭 그렇게 생각해야 하냐', '다른 관점도 있지 않느냐' 등으로 다투다가 쫓겨나가다시피 했다.

박 _ 그래서 써클에 흥미를 잃었나?

강 _ 솔직히 써클 활동에 흥미를 잃게 됐던 결정적인 이유는 당시 써클 여자 친구와 헤어졌기 때문이었다.(웃음) 성격차이로 헤어졌다. 지금 생각하면 큰 차이도 없었는데, 나중에 보니까 나는 고시공부, 그쪽은 운동권으로 쭉 빠졌다.

박 _ 대학생 시절 여학생들에게 인기 많았을 것 같다. 인물도 괜찮은 편이고. 결혼도 일찍 했다.

강 _ 어릴 땐 책 많이 보고 멋있는 말 잘하고 그러면 인기 많을 줄 알았다. 그런데 전혀 아니더라. 여자들에게 인기 많으려면 돈이 많아야 하더라. 그런 면에서 콤플렉스도 좀 있었던 것 같다. 다행히 대학 3학년 때 지금의 아내를 만났다. 고시공부를 하면서 사귀었다.

박 _ 아내 외의 모든 여자를 탓하는 듯하다.

강 _ 그냥 내 콤플렉스다.

34살 나이에 공천을 받았던 이유

박 _ 난 실물로 하버드 출신은 처음 보는데, 하버드는 왜 갔는가? 그리고 하버드에 간다는 것은 어떤 의미인가?

강 _ 하버드 로스쿨에서 1년짜리 석사학위, 'LLM'이라고 하는 석사학위를 이수했다. 한국 하버드로스쿨 동창회의 총회원수가 150여 명 되는데 그중 대부분이 LLM 출신이다.

사실 하버드 출신이라고 하면 멋쩍다. 하버드에 학부가 있고 대학원이 10개 있다. 한국에서 하버드 총동창회를 하는데, 학부 나온 사람들은 보통 대학원 나온 사람들을 잘 안 쳐준다. '하버드 정신은 칼리지에 있다' 보통 그렇게 이야기한다. 1년 석사 한 사람이 하버드에 대해 왈가왈부한다는 게 좀 우습다.

그래도 그거라도 안 나온 사람보단 낫다고 치고 한두 마디 하자는 차원에서 말하자면, 사실 우연히 가게 된 것이었다. 변호사 하면서 생계에 여유가 좀 생겼다. 아내는 고시공부를 접고 아이를 가졌다. 애를 6년 만에 갖게 됐다. 그러다 당시 참여연대 하던 김주영 변호사와 함께 소액주주운동 관련 증권소송을 전문으로 하는 법무법인을 설립했다. 그러다 3개월 만에 둘이 대판 싸우게 됐다. 너무 심하게 싸워서 어떻게 수습이 안됐다. 그 때 법무법인 한다고 보도 자료도 돌리고 참여연대 내에서 연수하던 사람들에게도 '니들 나중에 뽑아줄게' 그랬는데 책임 질 수 없는 상황이 되어 버렸다. 그래서 유학을 갔다. 사실 유학 기간 1년 동안 같이 더 해보고 그래도 안 되면 각자의 길을 가자는 그런 의미였다.

박 _ 일종의 도피성 유학이었네.

강 _ 하하 약간, 약간 그런 거지. 그래서 유학준비를 하게 됐는데 돈이 많이 들었다. 가지고 있던 것 다 털어서 가야 했다. 그럴 거면 하버드에 가고 싶었다. 코넬, NYU 등 다른 대학에 되면 가지 말자고 생각했다. 그런데 덜컥 하버드에 합격했다. 그래서 몽땅 다 털어서 미국으로 갔다.

1년에 학비가 3만 달러 정도 들었는데 돈이 안 아까웠다. '하버드'라는 브랜드 때문이었다. 당시 추천서를 써줬던 서울대 법대 송상현 교수님(현 국제형사재판소장)이 했던 말인데, '미국엔 대학이 딱 2개 있다. 하버드와 넌(Non) 하버드다.' 물론 내가 하면 좀 재수 없게 들릴지도 모르지만. 미국 유학 갔다 오면 다른 대학교는 설명을 해야 한다. 그런데 하버드는 설명이 필요 없다. 예일만 해도 설명이 붙는다. 스탠퍼드도 '하버드랑 비슷한 학교야' 그렇게 설명해야 하는 식이다.

단적으로 하버드, 예일, 스탠퍼드 셋 다 되는 애들이 1년에 100~200명 정도 되는데 개네들의 80% 이상이 하버드를 선택한다. 내가 4년 반 동안 변호사 해서 3억 정도를 벌었다. 그때 산 집을 팔고

빚 갚고 하버드 갔다 오니까 완전 개털이 되었다. 그럼에도 불구하고 후회 없다.

박 _ 브랜드 때문에 학비 3만 달러가 아깝지 않았다?

강 _ 사실 3만 달러 훨씬 넘게 들었다. 1년 석사 마치고, 또 1년은 미국 변호사 시험 봤다. LA에서 9개월간 있었는데 충분한 돈은 못 벌었다. 3~4천 달러 벌었는데, 애들 유치원 보내는데 1천2백 달러가 들었다. 미국에서 총 3억 원 가까이 썼다. 그런 돈이 안 아까웠다는 말은 한마디로 브랜드 때문이다. '유학을 갔다 온 나'와 '안 갔다 온 나'는 완전히 달랐다.

　내가 2003년 여름에 귀국해서 2004년 초에 공천을 받았다. 내 나이 34살이었다. 그때 공천받았던 사람들 중에서 김희정 의원 다음으로 내가 어렸다. 만 34살에 현직 경험 없는 변호사에게 누가 공천을 주겠나. 이건 단적인 예를 든 것이고, 아무튼 어디를 가도 날 소개할 때 무조건 하버드부터 시작했다. 그렇게 되더라.

청년들에게 '미안하다'고 말하지 마라

박 _ 남다른 성장기를 보냈다. 얼마 전 유행했던《아프니까 청춘이다》

라는 책을 알고 있나?

강 _ 솔직히 청년들도 제각기 처지가 다르다. 《아프니까 청춘이다》라는 책을 봤다. 책을 다 보고 들었던 느낌은 저자가 애들 비위를 잘 맞춘다는 것이었다. 애들이 너무나 듣고 싶어 하는 이야기들을 해준다는 생각이 들었다. 사람들은 자신에게 필요한 이야기가 아니라 듣고 싶어 하는 이야기를 좋아한다. '필요한 이야기를 해주는 사람이 아니라 듣고 싶은 얘기를 해주는 사람이 이 시대의 멘토인가?'라는 생각을 했다.

박 _ 그런데 이상한 건, 그런 책들이 잘 나간다는 것이다.

강 _ 김난도의 다른 책들과 느낌이 너무 다르다. 예를 들어 김난도가 《트렌드 코리아》 시리즈를 매년 내는데, 그 책은 아주 드라이하다.

박 _ 청년들에게 듣기 좋은 말만 쫓아다니지 말라는 말을 하고 싶나?

강 _ 우선 일단 도전해보라는 말을 하고 싶다. 해보고 후회하는 것이 안 해보고 후회하는 것보다 훨씬 낫다. 결혼뿐만 아니라 모든 일에서 그렇다. 시험 볼 거냐 말 거냐 고민하지 말고 무조건 해보라. 떨어질 것 같아서 용기가 생기지 않더라도 자꾸 도전해야 새로운 기회도 생긴다. 생각해보면 세상 일 중에 되는 일이 별로 없다. 그게 세상사의 본질이다.

박 _ 그걸 깨닫는 게 어른이겠지.

강 _ 세상일은 원래 잘 안 된다. 일이 되는 것도 과연 노력으로 되느냐 운으로 되느냐의 차이가 있다. 원래 안 되는 게 맞다. 그래서 안 되는 걸 두려워할 필요가 없다. 가능한 한 여러 우물을 파야 한다. 나는 한 우물 파는 것, 반대다. 그리고 한 지역에서 파더라도 여러 구멍을 파야 한다. 대충 구역이 정해지면 거기선 다양하게 구멍을 파서 가능성을 확인해 봐야 한다. 그렇다고 전혀 동떨어진 분야에서 그렇게 하라는 말은 아니다.

성공의 가능성을 높이는 것은 미세 튜닝에서다. 그런데 일단 뭘 해야지 튜닝도 할 수 있다. 이를테면 가능성이 없을 것 같은 대기업 취업도 원서를 넣어보는 것이 훈련이다. 그럼 그다음 과정을 알게 된다. 면접도 경험해봐야 아는 것이다.

〈스타특강쇼〉라는 프로그램에선 나름 30대에 성공한 사람들이 나오곤 한다. 그들의 공통점은 많이 도전했다는 것이다. 단적인 예로 나는 미국 유학 갈 때 원서를 여덟 군데 넣었다. 그런데 하버드 한 군데만 됐다. 나머지 대학에서는 학점이 안 좋아서 다 떨어졌다. 어쩌면 우연히 하버드에 합격했던 것이다. 만일 내가 하버드 아니면 안 간다는 생각으로 하버드에만 원서를 넣었다면, 아마도 안 됐을 것 같다.

박 _ 힐링에 대해선 어떻게 생각하나?

강 _ 지금 우리 사회에 힐링이 유행하고 있다. 매우 이상한 현상이라
고 생각한다. 냉혹한 본질은 외면하고 허위의식을 만족시키려 한다.
　그간 대학생들은 내적으로 갈등을 겪었다. 사회참여에 대한 생각
과 경쟁 모드에 적응하는 것 사이의 갈등을 말한다. 2007년 뉴라이
트의 학생회 진출로 그런 문제가 전면에 드러나기 시작했던 것 같다.
그 '문제'의 본질은 '난 이제 친구들 눈치 안 보고 공무원 시험 준비하
겠다.'이다. 지금도 그와 관련된 상처를 치유하고 있는 것처럼 보인다.
그런데 힐링이 하도 흔해지니까 그 효과가 떨어지기 시작했다. 그러니
까 이제 다시 김미경식의 '자기계발'이 뜬다. 그런 면에서 안철수가 큰
일을 했다. 힐링 유행을 빨리 끝냈다.

박 _ 공무원 준비하는 사람이 백만 명이라고 한다.

강 _ 그게 바로 '대학 등록금 반값'의 원흉이라는 생각을 해봤다. 대
학 등록금 반값 시위를 한다고 할 때 '내가 제대로 학문에 힘쓰겠다.'
그런 생각으로 하나? '내가 공부하려고 하는데 돈이 많이 들어 너무
힘들다.'가 명분이 되어야 한다.

그런데 정작 자신의 전공 공부가 아닌, 공무원시험과 취업 준비를 하다 보니 별도의 돈이 든다. 그래서 감당을 못하는 것이다. 취업 스펙을 쌓기 위해선 돈이 많이 든다. 지금 공무원 응시자가 많은 이유는 취업 스펙 쌓기에서 공무원시험 준비가 가장 돈이 덜 들기 때문이다. 일반 대기업 취업 스펙을 쌓으려면 돈이 엄청나게 든다. 그래서 일단 등록금 반값 좀 해 달라, 좀 편하게 취업준비 하자, 그런 거 아닌가. 학문과는 전혀 상관없어 보인다.

국·공립 대학을 제외한 일반 대학들은 이사회에서 대학등록금을 결정한다. 학생들이 진짜 반값 등록금이 절실하다면 학교별로 등록금 인하투쟁을 해야 한다. 그런데 학교별로 투쟁하기에는 너무 귀찮고 힘들다. 또 혹 있을지 모를 학교 내에서의 불이익이 두렵기도 할 것이다. 그런데 야당이 나서는 큰 집회에는 나간다. 뭔가 앞뒤가 바뀐 느낌이다.

박 _ 좋은 분석이다. 청년들에게 특별히 해 줄 말이 있나?

강 _ 청년들은 과연 어떤 말을 듣고 싶을까. 섣부른 개입은 부적절하다는 생각을 했다. 그 이전에 '청년들을 하나의 틀로 묶는 것이 과연 가능할까?'라는 생각도 해봤다. 서로 세대를 나누는 것이 무의미하다는 생각도 들었다. 한국은 일본처럼 노령화 사회가 되어가고 있다. 머리는 백발이지만 마음은 청춘들이 있다. 그 반대로 청춘이 없는 젊음도 많다. 시간이 조금 더 흐르면 아마 세대 간 구분이 아닌 '특성', '특질'에 따른 구분법도 생길 듯하다. 즉 청춘으로 분류하느냐 안 하느냐, 그런 담론이 생길 수도 있다.

40대나 50대들이 청년들에게 하는 말 중에서 젊은 층 마음을 얻기 위해 하는 말들이 많은 것 같다. 사실 자기들이 하고 싶은 걸 이루기 위해 젊은 층 마음이 필요한 것이다. 그런데 젊은 층에게 어떤 훈장질을 하려면 반대급부가 있어야 한다. 그런데 이제는 더 이상 줄 것이 없다. 그래서 이젠 '미안하다'는 말을 하는 것이다. 그런 식으로 마음을 사려고 한다. 난 그런 식의 '말'이 제일 악질이라고 생각한다. 그래서 안철수가 나쁘다. 청년들을 자꾸 그런 식으로 건드리는 것이다.

박 _ 안철수뿐만 아니라 문재인도 그렇다. 아니 여·야 할 것 없이, 4, 50대 꼰대 성격이 그대로 드러나는 것 중 대표적인 것이 '반값등록금 해줄 테니까 표를 달라.' 그거 아닌가. 쉽게 말하면 그들은 그런 식으로 '소통'하는 것이다. 이런 식으로 가다간 젊은 층의 정치 무관심 정도가 더 심해질 것이다.

강 _ 그러니까 4, 50대들은 우선 세대별로 나누지 말아야 한다. 또 쓸데없이 뭘 해준다고 하지 말았으면 좋겠다. 특히 미안하다는 말은 더더욱 하지 말았으면 한다. 미안하면 행동하면 되잖아. 자기들 돈 더 내서 행동하면 된다. 그런데 세금은 한 푼도 더 내지 않으려고 한다.

당장 '대학 등록금 반값'도 세금을 더 내야 가능하다. 아무도 안 내려한다. 결국 미안하다는 말만 계속한다.

박 _ 선동보다 대안에 대한 진지한 고민이 우선이라는 말로 들린다.

어머니와 집사람이 대립하면 무조건 집사람 편!

박 _ 부인도 주부들의 가장 큰 고민이라는 '시월드' 문제가 있나?

강 _ 시월드… 하하하. 나는 결혼할 때부터, 집사람과 어머니가 대립할 때 무조건 집사람 편을 들겠다고 생각하고 결혼했다. 그리고 20년 동안 그렇게 살았다. 거기에 대해 후회는 없다.

박 _ 어머니가 섭섭해 했을 것 같다. 그런 문제는 어떻게 해결했나?

강 _ 돈으로 해결했다.(웃음) 20년 동안 꼬박꼬박 드렸다.

박 _ 그걸 부인의 공으로 돌리면서?

강 _ 그렇게는 하지 않았다. 위선적인 것 같아서. 그런데 반드시 와이

프를 통해 어머니에게 돈을 주는 사람들도 많이 있더라. 그러면 며느리에 대한 어머니의 위신이 떨어질 수 있다.

박 _ 섬세한 조율이고 잘한 것 같다.

강 _ 섬세한 게 아니라 그렇게 딱 정해놓고 하니까 편하더라. 원칙이 좋은 이유는 '섬세한 조율' 따위가 필요 없다는 것이다. 또 원칙이 서면 상대방 입장에서도 어느 정도 예측 가능하다. 그래서 원칙대로 하면 편하고 좋은 것이다.

박 _ 여자 입장에서 생각하면 꽤 괜찮은 것 같다.

강 _ 대부분 남자들이 어머니와의 관계에서 나처럼 하기는 쉽지 않다. 어머니들이 그렇게 하게 놔두나? 그래도 와이프랑 평생 살지 어머니와 영원히 사는 것이 아니다.

박 _ 많은 여자들이 남편이 중심을 못 잡아 주니까 힘들어한다. 시월드 뿐만 아니라 결국은 남편에 대한 회의를 느끼게 된다. 하지만 아무리 그렇더라도 방금 그 말은 어머니가 들으면 서운할 말이다.

강 _ 돈 드리니까.(웃음) 돈 안 주면서 그런 말 하면 욕먹는다.

박 _ 우리나라 남자와 여자의 사회적 처지를 객관적으로 평가해본다면?

강 _ 〈나의 그리스식 웨딩〉이란 영화를 보면 그런 얘기가 나온다. '남자는 머리고 여자는 목이다.' 머리가 위인 것은 맞는데 머리를 돌리는 건 목이다! 가정에서 남자가 더 우월하냐, 여자가 우월하냐 할 때 여자들은 그렇게 생각한다. 위에 올려놓아 주기는 하는데 주도권은 내가 쥐고 있다! 나는 한국도 그렇다고 생각한다. 실질적으로 가정의 주도권은 여자들이 많이 쥐고 있는 것 같다. 기업들은 그걸 이미 다 알고 있다. 마케팅의 핵심은 여자다. 영화계도 여성들의 티켓팅 파워를 우선적으로 고려해서 마케팅 한다고 하더라. 구매력이 사실상 주도권이다.

자식들에게 주는 교훈, '선택과 집중' 그리고 '밀당'

박 _ 가훈은 있나?

강 _ 딱히 없다.

박 _ 그러면 자식들에게 주는 어떤 모토 같은 것은 있나?

강 _ 애들이 나한테 제일 많이 듣는 말은 '선택과 집중'이다. 시간이라는 건 항상 부족하니까. 이제 애들도 그런 시기가 왔다. 시간에 쫓긴다. 학교 가고 학원도 가야 한다. 요즘은 억지로 방송도 해야 하고.

박 _ 말이 나왔으니 하는 말인데, 이제 우리나라 남녀 역차별, 이런 얘기도 나온다. 여자들이 젊을 때부터 남자들을 쥐고 흔든다. 심지어는 중학생들도 남자친구가 생기면 뭘 자꾸 사달라고 한다.

강 _ 남녀공학에 중학교 애들 둘이 다니는 거 보니까, 남자애들에게 불리하다는 생각이 들더라.

박 _ 어떤 면에서?

강 _ 여자애들이 훨씬 더 조숙하다. 남자애들은 사실상 누나들과 함께 학교 다니는 것이다. 약 2년 위 누나들과 같은 학년을 다니고 있는 것과 같다. 군대 갔다 오기 전까지는 남자보다 여자들이 2~3살 더 어른이다. 여러모로 그렇다.

박 _ 지능 면에서도 더 뛰어나다.

강 _ 모든 면에서 낫다.

박 _ 아들 둔 부모들이 그런 고민이 많더라. 아들이 자꾸 돈 달라고 해서 혹시 자기 아들이 일진들에게 상납하는 것은 아닌지 걱정했는데, 알고 보니까 일진이 아니라 아들의 여자친구가 자꾸 뭘 사달라고 해서… (웃음) 강용석 아이들은 여자 문제는 없나?

강 _ 글쎄, 상납은 모르겠고, 누구에게 좋다고 고백해봤다는 둥… 그런 이야기는 가끔 하더라.

박 _ 저 나이 때는 여자 좋으면 물불 안 가린다.

강 _ 그럴 땐 아이들에게 하는 말이 딱 하나 있다. 절대 먼저 고백하지 마라. 좋아하는 건 마음대로 하되 고백은 하지 마라. 아들놈이 〈유자식 상팔자〉에 출연하면서 전에는 김소현 어쩌고 하다가 이제는 다른 애에게 넘어갔다. 지난주에도 인사를 못하고 왔다고 오는 차 안에서 난리를 치는 거다.
　그래서 내가 문자를 보내라, 만일 답장이 30분 안에 오면 걔도 마음이 있는 거고 안 오면 니가 마음을 접어라, 고백 같은 거 절대 하지 마라 그랬다. 그래서 '인사도 하지 못하고 왔네. 일본 잘 갔다 와. 2주 후에 보자. 누구누구' 딱 그렇게 문자를 보냈더니 답장이 더 길게 왔다.(웃음) 내가 또 2주 동안은 답장하지 말라고 했다. 전략이 잘 먹혔는지 최근 둘이 같이 개콘을 보고 왔다.

박 _ 아들한테 밀당 법칙을 알려줬네.

강 _ 그런 거 가르쳐줘야 한다. 그래야 시행착오를 덜 하지.

박 _ 아이들과 마찰은 없나?

강 _ 요즘은 다 좋게 보려고 한다. 애들이 하는 것에 대해서 뭐든지. 소리를 지르면 지르는 대로, 말을 뭐 안 들으면 안 듣는 대로 다 좋게 보려고 하니까 애들이 왜 그러는지 다 이해가 간다. 그냥 애들이 하고 싶은 대로 하게 놔둔다. 잠깐 소리 지르고 막 난리를 치더라도 한두 시간 지나면 괜찮아진다.

박 _ 거의 동물을 대하는 태도 아닌가?

강 _ 방에 이런저런 경구, '내가 헛되이 보낸 하루는 어제 누군가가…' 같은 글 써 붙여 놓는 애인데 어디 가겠나. 그냥 내버려 두는 거지. 내 생각으로는 자꾸 뭘 시키려 하니까 문제다.

　집사람이 며칠 간 처가식구들과 외국에 가서 큰애와 나랑 둘이 있었는데, 큰애가 친구들 데리고 오고 그러더라. 그러더니 심야영화를 보러 가겠다기에 보고 오라고 했다. 집사람은 애가 새벽 3시에 들어왔다고 하니 전화로 말이 되냐며 야단이었다. 나는 "중3인데 영화 보고 3시에 들어올 수 있지, 술 먹고 들어오는 것도 아니고" 그랬다. 내가 큰애에게 왜 3시에 들어왔냐고 물어봤다. 그러니까 애가 "영화는 2시에 끝났는데 그 앞에서 지갑을 주워서 주인 찾아주려고 하다가 결국 지구대 갖다 주고 왔다"는 거다. 그래서 3시에 왔단다. 얼마나 착하냐.(웃음)

박 _ 보통 부모들은 가만 놔두면 계속 놀게 될까 봐 걱정하는 거지.

강 _ 그렇다고 시키면 하나. 잘 생각해보면 시켜서 할 것 같은 애들은 알아서도 한다.

박 _ 완전 자유방임인가?

강 _ 그건 아니다. 가끔 애도 그럴 때가 있다. TV 보고 있을 때 부모가 뭔가 한 마디 해줬으면 좋겠다고 생각할 때. 그런 정도다. 가끔 '너 공부 안 하냐?' 정도의 말은 한다. 그러면 또 들어가서 책상에 앉아 공부한다. 감시는 계속한다. 약간 감시의 눈길이 있어야 긴장감이 있다. 아무리 공부를 스스로 하는 애도 누군가 감시를 해주는 게 전혀 안 하는 것보다 낫다. 그렇다고 해서 안 하는 애랑 싸워봐야 별 의미 없다.

박 _ 전에 〈썰전〉에서 '국제중'에 대해 이야기했을 때 아이를 국제중학교에 보내려 했다가 안 됐다고 했다. 즉 아이를 철저히 관리한다는 이미지가 있다.

강 _ 철저히 하는 건 아니다. 아버지가 그런 것을 신경 안 쓰는 사람들도 많이 있다. 대체로 엄마가 많이 신경을 쓴다. 난 그냥 같이 신경을 쓴다고 보면 된다.

본업은 변호사, 방송은 부업

박 _ 존경하는 사람이나 평소 조언을 듣는 사람들이 있나?

강 _ 정치에 대해 같이 논의하고 조언을 얻는 사람들이 좀 있다. 김형오 전 국회의장 같은 경우 통화도 하고 가끔 만나서 이런 저런 얘기를 한다. 진영 의원이나 구상찬 전 의원도 그런 사람들이다.

박 _ 방송 쪽 고민은 주로 누구와 이야기 하나?

강 _ 김구라 씨가 조언을 많이 해준다. 그런 면에서 방송 관련 나의 멘토는 김구라라고 할 수 있다. 연예인들이 기획사 들어가는 이유 중 가장 큰 것이, 신인 같은 경우는 어디든 꽂아 줄 수 있어서다. 그런데 중견 연예인이 되면 주로 자신이 어떻게 움직일지에 대해 상의하기 위해서 기획사에 들어간다. 그리고 무엇보다 위기대응에 대한 조언을 들을 수 있다.

최근에 나한테 같이 하자고 제안하는 기획사가 있다. 그 기획사 매니저와 연예계의 이런저런 얘기를 나누면서 느꼈던 것은 언론과 대중의 관심 때문에 터지는 사고에 대해 기획사만큼 대응 경험이 많은 곳은 없다는 것이었다. 정치권은 의외로 그런 일이 별로 없다. 사실 윤창중 사건 정도 규모의 일이 연예계에는 매일 터진다. 정치권에서는 윤창중 사건이나 내 사건 같은 일이 일 년에 한 번 정도도 터지기가 어렵다. 위기대응에 관한 한 연예계로부터 배울 필요가 있다.

박 _ 난 정치인에 대한 여론이 드라마틱하게 바뀌는 걸 언제 봤냐면, 노무현 대선 당시 '노무현의 장인이 빨갱이다.' 했을 때였다. 노무현의 대응은 '내 아내를 버리란 말입니까?'였다. 그 말 한마디로 여론이 확 바뀌었다. 그런 건 본능적 대응 능력이라고 볼 수밖에 없다.

강 _ 그런 비슷한 일들이 노통 때 두세 번 있었다. 단일화해서 선거 뒤집고 대통령 됐고, 탄핵 사태 때 잘 극복하고 총선 이겼다.

박 _ 내 생각엔 강용석의 승부수도 대단했다. 최효종 고소와 방송 출연. 이전에 강용석을 몰랐던 사람들도 서서히 강용석의 파워를 느끼고 있는 것 같다.

요즘 특히 사람들이 궁금해하는 것 중 하나다. 과연 변호사 일은 언제 하나?

강 _ 지금 〈썰전〉은 월요일 오후 4시부터 녹화를 하고, 〈고소한 19〉도 금요일 오후 4시부터 녹화한다. 〈유자식 상팔자〉는 격주로 목요일 오후에 한다. 그 외 나머지 시간에는 변호사 사무실에서 일한다. 물론 재판도 한다.

박 _ 그러니까 지금 주 업무는 변호사 일과 방송 두 가지다.

강 _ 나 같은 개인변호사는 사건 오면 당사자 만나는 게 제일 큰일이다. 로펌에서 시키는 일을 하는 주니어 변호사들이 주로 바쁘다. 보통 변호사 업무가 생각보다 그리 바쁘진 않다. 그래도 난 여전히 변호사로서 가장 많은 시간을 보낸다.

방송 녹화는 주로 오후 늦게 하는데, 나 같은 변호사는 사무실에 출근해서 오후 3시가 넘으면 별로 할 일이 없다. 그 시간에 녹화한다. 변호사가 본업이고 방송이 부업인 셈인데, 수입은 방송이 더 많다. (웃음)

박 _ 더 본질적인 질문을 하자면, 변호사 업무에 대해 애정은 있는 가? 의뢰인들 입장에서 보면 변호사에 대해 어떤 기대치가 있을 것 같다.

강 _ 굉장히 열심히 하고 있다. 만일에 변호사 업무를 소홀히 하게 될 것 같으면 변호사 업무를 줄이든지 해야 한다. 요새 방송 활동도 하지만 강연도 종종 한다. 변호사 업무라는 게 언제 누가 전화를 할지 모르고 또 누가 언제 만나자고 할지 모른다. 그런 게 힘들어질 것 같으면, 변호사 업무를 지금처럼 열심히 제대로 못 할 거 같으면 어느 순간에는 그만둬야 한다.

박 _ 책임 못 지고 소홀할 것 같으면 정리하겠다는 말인가?

강 _ 사건을 안 맡거나 정리하거나 해야겠지. 나에게 변호사는 생계가 걸린, 그야말로 직업이다. 방송은 하면 할수록 호감도와 인지도가 확실히 높아진다는 장점이 있다. 정치는 '생각하는 것을 할 수 있다'는 매력이 있다. 정치하다가 방송을 해보니 확실히 체감이 되더라. 방송에서 어느 정도 입지가 되면 사회적 영향력이 정치인보다 높아진다. 아직은 방송과 변호사일 모두 열심히 해야 한다는 생각을 하고 있다. 정치는 하고 싶은 일이고….

마릴린 먼로는 금발이 아니었다

박 _ 혹시 묘비명은 생각해 둔 것이 있나?

강 _ '우물쭈물하다가 내 이럴 줄 알았다', 버나드 쇼. 그런 거? (웃음)

박 _ 그렇지. 멋지고 웃긴 것으로 하나 생각해놓았을 만도 하다.

강 _ '제20대 대통령 강용석 여기…'

박 _ 하하하. 또는 '대통령 못하고 죽을 줄 알았다'는 어떤가. 마릴린 먼로의 묘비명도 멋있었다. '38. 24. 36. 여기 잠들다' 난 개인적으로 마릴린 먼로가 참 멋있더라. 특히 《율리시즈》 읽는 모습.

강 _ 마릴린 먼로가 제임스 조이스를 읽었다고?

박 _ 책을 차에 싣고 다니면서 쉴 때마다 그 두꺼운 걸 틈틈이 계속 읽었다. 《율리시즈》가 좀 야한 부분도 있고, 특히 여자들이 공감하는 그런 면이 있다.

강 _ 나는 마릴린 먼로가 성형수술한 것을 알고 나서 속았다는 생각을 해서…. 마릴린 먼로가 성형수술하기 전 사진을 봤나?

박 _ 그건 몰랐다. 자연 미인으로 알고 있었다.

강 _ 나도 최근에 알았다. 일단 먼로의 금발이 염색한 것이었다는 사실도 충격이었다.

박 _ 헉! 금발이 가짜였다고? 이런 말은 안 들었어야 하는데.

강 _ 마릴린 먼로의 머리카락은 원래 약간 갈색이었다. 사실 원래 금발인 여자들도 30대 때까지 금발을 유지하기 힘들다고 한다. 10대 때 금발이었던 애들도 20대 되면서 머리가 약간 갈색으로 변한다. 30대가 되면 완전히 갈색으로 변한다. 30대에 금발인 여자는 거의 없다. 그래서 나는 마릴린 먼로는 원래 금발이었는데 갈색으로 변한 것이라고 생각했다. 그런데 원래부터 갈색이었다고 한다. 금발이었던 적이 없었다.

박 _ 속고 살았다. 마릴린 먼로는 왜 그리 금발을 고집했을까?

강 _ 남자들이 금발을 좋아하는 이유가 금발이 젊음의 상징이라 그렇다. 진화심리학[4]에 보면 남자들이 큰 가슴과 잘록한 허리, 긴 생머리

등을 왜 좋아하느냐에 대해 분석한 것도 있다. 젊은 남자애들에게 파마머리와 긴 생머리 중에 뭐가 더 좋으냐고 물어보면 백이면 백 긴 생머리라고 답한다. 그게 좋아하는 여자의 어떤 모델이다.

소녀시대가 왜 긴 생머리를 고수하겠나? 긴 생머리가 젊음의 상징이기 때문이다. 머리카락이 1년에 15센티미터 정도 자라기 때문에 60센티미터 정도 되는 생머리를 아름답게 유지한다는 것은 최근 4년간 아주 건강했다는 사실을 증명하는 것이다.

박 _ 그러고 보면, 예전에 스트레이트 파마가 유행했다.

강 _ 아줌마들이 긴 생머리를 못하는 이유는 머리가 푸석푸석해져서 엉망이 되기 때문이다. 요즘에는 그래도 머리가 관리가 되니까 나이 들어서도 약간 길게 하는 경향이 있다. 하지만 많은 노력이 필요하다.

살얼음판을 걷는 듯

박 _ 이야기가 좀 샜는데, 스스로 정의감이 강한 편이라고 생각하는가?

강 _ 정의감이 강한 것 같진 않고 그렇다고 없진 않다. '비교적 정의롭

---

4) 진화심리학(evolutionary psychology, 進化心理學)
인간의 심리를 진화의 관점에서 연구하는 학문을 말한다. 인간의 마음은 자연선택과 성

다.'라고 하고 싶다. 그런데 나는 뭐 정의로 똘똘 뭉쳐진 그런 건 아니다. 가족이나 애들을 위해서 조금 이기적일 수도 있는 거고.

박 _ 착한 척하는 게 그렇게 싫은 이유는 뭔가? 뭐 위선은 다 싫어하겠지만.

강 _ 뭐 그렇게 싫다기보다는, 그런 방식으로 뭔가 하려고 하는 건 좀 아닌 거 같다. 기부를 하거나 봉사활동을 하는 누구나 각자의 이유는 다 있을 것이다. 모두가 100% 사회의 정의를 위해서, 공동선을 위해서 기부하고 봉사하는 건 아니지 않을 거 아니냐. 비용 공제를 위해서, 아니면 대외적인 평판을 위해서, 아니면 뭔가 이루고자 하는 바를 얻기 위해서, 혹은 자기의 죄를 씻기 위해서 등 여러 가지 이유가 있을 것이다. 다 좋다. 그럴 수 있다고 본다. 그런데 권력을 얻는 수단으로 위선을 이용한다? 그런 건 좀 아니라는 것이다.

박 _ 이전에 '여론의 지탄을 받는 게 감옥 생활보다 더 힘들다'고 표현했는데, 요즘 어떤가?

강 _ 요즘은 마치 살얼음판을 걷는 것 같다. 호감도가 높아지니까 언제 또 무슨 일이 생겨서 어떻게 될지 모른다는 것 때문에 굉장히 조심

선택에 의해 형성됐다는 관점을 바탕으로 여러 가지 심리 기제들의 근원을 연구한다. 근친상간 피하기, 사기꾼 탐지, 짝짓기 전략, 성 역할 등에 관한 연구가 유명하다.

스럽다. 연예인들 만나보니까 그 사람들은 평생 그렇게 조심스레 산다.

박 _ 공인이 된다는 것은 사람들이 다 주목하고 그렇기 때문에 조심스럽게 행동해야 한다는 걸 의미한다. 이런 데 대해서 불편한 것과 강용석이 하고자 하는 일에 대한 성취감 및 보람과 비교했을 때 그래도 그런 걸 감수할 만한가?

강 _ 내가 조금 더 젊었으면 굉장히 불편했을 것 같다. 돌아다니는데 사람들이 다 알아보고, 와서 사진 찍자고 하고 사인해 달라는 그런 것들이 굉장히 불편했을 것 같은데, 이제 나이가 드니까 불편하다기보다는 '이제부터 그렇게 살아야겠다'하고 생각한다.

박 _ 그렇게 생각해보면 아이돌들은 어릴 때부터 쭉 주목받는 삶을 살면 문제도 생길 것 같다.

강 _ 그냥 계속 떠 있을 땐 괜찮겠지만 가라앉을 때 문제가 생기겠지. 그것 때문에 마약도 하고 여러 가지 일들이 생기잖나.

박 _ 그런데 이런 것들이 체질에는 맞나?

강 _ 괴로우면 못한다. 체질에 맞는다. 이번 주 〈화신〉에서 장윤정은 자기 관련된 기사는 안 본다고 하더라. 댓글은 당연히 안보고. 내가 한때 그랬다. 기사라는 것이 보면 한 가지 사안에 대해 내용이 대동소이하다. 어떤 한 가지 내용에 있어 기사가 몇 개 나느냐가 중요하지 내용은 별 필요가 없다. 기사의 많고 적음이 그 사안의 심각성을 입증한다. 그것 말고는 내용은 굳이 읽어볼 필요가 없다.

박 _ 이런 질문을 한 이유는, 내가 보기에 강용석은 자유인 스타일이다. 남 눈치 안 보는 편이고 소신도 있고 유쾌하다. 그런데 그런 기질과 지금 생활이 좀 부딪히지 않나?

강 _ 난 지금 하고 싶은 말 다한다. 〈썰전〉에서 하고 싶은 말 다 한다. 특별히 트위터나 블로그를 통해서 더 할 필요도 못 느낄 정도다. 다만 블로그를 계속하고 있는 이유는 전혀 손 안 대던 1년간도 매일 2천 명 정도 들어오는데 그런 관심을 유지시켜야 될 필요가 있어서이다. 일종의 팬서비스다.

박 _ 같은 말이라도 참 대놓고 한다. 팬들을 위해서 자신을 지지해주는 분들을 위해서라고 하면 될 것을.

강 _ 무슨 말인지 안다.(웃음)

지은이 맺는말

"방송만 하고 정치는 하지 말라"는 말을 많이 듣는다.

방송 PD들도 그런 이야기를 한다. 그들은 내가 기존 방송인과 다르다고 한다. 진행이 매끄러운 것도 아니고 별로 웃기지도 않지만 뭔가 다른 느낌을 주니까 흥미롭게 생각하는 것 같다. 정치인 출신 방송인이라는 차별성과 '대체 불가능성'에 매력을 느끼는 것도 같다. PD들은 "MC란 방송에서 무척 중요한데, 그동안 대한민국 MC는 아나운서 아니면 개그맨 출신이었다. 그런데 강용석은 전혀 다른 MC다."라는 말을 한다. PD나 작가들에게 '정치하지 말라'는 말을 듣는 것은 그래서 기분이 좋다. 내가 방송을 잘하고 있다고 인정받는 느낌이 들기 때문이다.

하지만 나의 목표는 언제나 정치다. 난 대한민국의 통일과 부국강

병에 기여하겠다는 꿈이 있다. 변호사를 하고 시민단체 활동을 하면서도 정치를 꿈꿨고 그래서 국회의원이 됐지만 꿈을 제대로 펼쳐보기 전에 접고 말았다. 그러나 이제 다시 시작이다. 오늘도 난 내가 대통령이라면 어떻게 할지 생각하며 잠자리에 든다.

많은 정치인들이 대통령이 되려 한다. 다만 얘기를 꺼낼 수 없을 뿐이다. 많은 국민들이 알고 좋아하고 지지해줘야 대통령이 되겠다는 꿈을 꿔볼 텐데 대부분의 정치인들은 자기 지역구민에게조차도 제대로 이름과 얼굴을 알리지 못하고 정치인생을 마감하곤 하기 때문이다. 그런데 정치신인이나 다름없는 낙선한 전직의원이 '나 대통령 되겠다'고 하니 이상할 수밖에 없다.

내가 방송을 하는 이유가 결국 정치를 하기 위해서라는 말은 반은 맞고 반은 틀렸다. 난 그간 줄곧 '정치가 꿈'이라는 생각을 숨기지 않았다. 그건 내가 아무리 정치를 하고 싶더라도 내 마음대로 할 수 있는 것이 아니기 때문이다. 다만 내가 방송을 하면서 '아, 저런 사람이 정치도 한다면 정치계가 굉장히 좋아지겠구나.'라고 국민들이 생각해주신다면 정치를 할 수 있을 것이라고 희망한다.

〈썰전〉과 〈강용석의 고소한 19〉에서 들려주는 다양한 이야기들이 진짜 강용석의 생각인지에 대해서 의문을 품는 사람들이 많다. 작가가 써준 걸 그대로 읽는 것 아니냐는 의문이다.

하지만 알고 말하는 것과 모르고 읽는 것은 큰 차이가 있다. 신기한 것은 시청자들이 그걸 귀신같이 안다는 점이다. 〈고소한 19〉에서 내가 프롬프터 보고 읽는 부분보다 끊고 애드립 하는 부분이 더 재밌다는 모니터링이 많은 것은 그런 이유인 것 같다. 〈썰전〉과 〈고소한 19〉에 들이는 그런 노력과 열정이 정치에서도 통할 것이라고 인정받을 때쯤이면 정치에 복귀할 수 있지 않을까.

정치복귀와 대통령이 되는 것은 또 다른 문제다. 노무현 전 대통령이 '이인제도 대통령 출마하는데 내가 왜 못하나.'란 의중을 비췄던 적이 있다. 당시 이인제는 지지율 30%에 이르던 야권 유력주자였고, 노무현은 3% 지지율이었다.

안철수도 대선 후보다. 《안철수의 생각》이란 책을 보니 그의 생각이 너무 실망스러웠다. 안철수보다 내가 낫지 않을까….

《강용석의 직설》이 인터뷰 형식을 취한 이유는 내 생각을 조금 더 진솔하게 말하고자 함이다. 또한 이 책은 내가 정치인으로서 국민들께 드리는 '프러포즈'이기도 하다. 국민들은 평생 10명 정도의 대통령 배우자를 고른다. 내 프러포즈는 국민들이 다른 대통령 배우자를 고를 때 참고자료도 될 테니 너무 부담 갖지 않으셔도 된다.

강용석